CATALOGUE

DE LA

BIBLIOTHÈQUE POPULAIRE

DE SAINT-ARNOULT

OFFERT PAR

M. JULES POUPINEL

Conseiller général

RÉCRÉATION ET INSTRUCTION.

VERSAILLES

IMPRIMERIE DE E. AUBERT

6, avenue de Sceaux, 6

——

1883

Mes Amis,

Conservez ce catalogue que je vous offre, il vous facilitera le moyen de passer bien des heures charmantes pendant les longues soirées d'hiver, les mauvais temps ou les mauvais jours, si la maladie vous retenait à la maison ; vous n'aurez qu'à choisir selon votre goût parmi les ouvrages qu'il va vous faire connaître.

La Bibliothèque populaire de Saint-Arnoult ne compte que cinq années d'existence ; son premier catalogue doit contenir l'historique de sa fondation.

Historique de la fondation de la Bibliothèque populaire.

C'est le 13 mai 1877 que votre Conseil municipal décida, sur la proposition de M. Rémond, la création d'une Bibliothèque populaire communale à Saint-Arnoult, et il est juste d'imprimer ici les noms des conseillers municipaux qui ont pris à l'unanimité cette utile résolution ; ils s'en applaudissent et désirent que leurs petits-enfants, en lisant leurs noms, veuillent eux aussi contribuer à la prospérité de votre Bibliothèque.

Le Conseil municipal, en mai 1877, était composé, dans l'ordre et d'après le nombre des suffrages des élections précédentes, comme suit :

Poupinel (Jules), conseiller général.

Levasseur (Emmanuel).

Alexandre (Paul-Joseph).

Laguesse (Eugène-Hippolyte), maire.

Besnard (Auguste-Joseph-Arnoult), adjoint.

CATALOGUE

DE LA

BIBLIOTHÈQUE POPULAIRE

DE SAINT-ARNOULT

OFFERT PAR

M. JULES POUPINEL

Conseiller général

RÉCRÉATION ET INSTRUCTION.

～～～～

VERSAILLES

IMPRIMERIE DE E. AUBERT

6, avenue de Sceaux, 6

—

1883

Mercier (Louis-François).
Genet (Jean-Louis-Etienne).
Rémond (Joseph).
Malnou (Victor-Stanislas).
Barbier (François-Désiré).
Dubau (Eugène-Henri).
Yvon (Armand-Fidèle-Constant).

La Bibliothèque populaire de Saint-Arnoult possède aujourd'hui 1,064 volumes.

719 ont été donnés.

345 ont été achetés avec les fonds votés chaque année (100 francs) par le Conseil municipal.

Cette somme annuelle de 100 francs, qui ne représente pas même huit centimes par habitant, est insuffisante ; mais les ressources de votre Bibliothèque vont déjà se trouver partiellement assurées par la donation d'un de mes fils que je transcris ici, d'abord pour engager d'autres donations à se produire, ensuite à cause des conditions qu'elle contient, à l'exécution desquelles chacun de vous est intéressé à veiller.

Donation de M. Maurice Poupinel.

Le 29 avril 1882, M. Maurice Poupinel écrivait au maire de Saint-Arnoult la lettre que voici :

Monsieur le Maire,

Le Conseil municipal ayant renoncé à faire exécuter les plans et devis que j'avais faits pour l'asile et l'école des filles, il ne m'est dû que 1 2/3 p. 100 des travaux que j'allais diriger, lorsque vous avez eu la bonne fortune de trouver un terrain plus grand où vous pourrez faire mieux.

Je regrette que mes occupations ne m'aient pas permis de me charger, comme vous me l'offriez si gracieusement, des plans nouveaux que nécessitait le nouvel emplacement; je le regrette d'autant plus que je pourrais offrir aujourd'hui de faire don de 5 p. 100 au lieu de 1 2/3 p. 100 seulement.

Quoi qu'il en soit, les honoraires qui me sont dus, à raison de 1 2/3 p. 100 et d'après le détail remis, s'élèvent encore à 1,236 francs.

Sans vouloir même rentrer dans mes déboursés, qui sont de près de 500 francs, je viens offrir à la commune de lui faire donation de la totalité de ma créance, soit 1,236 francs, à la condition que cette somme sera employée comme suit :

Après le prélèvement des frais de donation et de courtage de l'agent de change, ce qui restera libre sera placé en rente 3 p. 100, dont les arrérages serviront chaque année à augmenter le crédit de 100 francs habituellement voté pour achat de livres destinés à la Bibliothèque populaire communale.

Voulant que ces arrérages servent à augmenter ce crédit et ne soient pas un prétexte à le diminuer, dans le cas où ce crédit serait inférieur à 100 francs, ou serait supprimé, les arrérages de l'inscription de rente que j'offre seraient, ces années-là, versées au bureau de bienfaisance.

Je vous serai obligé, Monsieur le Maire, de soumettre mon offre à l'acceptation du Conseil municipal, etc.

Cette offre a été acceptée par le Conseil municipal dans sa session de mai 1882, et le bureau de bienfaisance, dans le mois d'août de la même année, a également donné son acceptation pour la donation éventuelle qu'elle contient.

Les appointements du bibliothécaire chargé de tenir la comptabilité, la liste des entrées et des sorties de livres, et de mettre l'ordre dans les rayons, ne sont que de 50 francs par an.

J'estime que, pour répondre aux besoins de lecture qui se sont révélés dans la commune, il faudrait consacrer tous les ans au moins 200 francs pour achat de livres et pour reliures ; c'est donc une dépense annuelle, y compris les appointements du bibliothécaire, d'environ 250 francs qu'il faudrait faire pour que la Bibliothèque fût suffisamment pourvue et son service largement assuré.

L'avenir nous léguera peut-être les 100 francs annuels complémentaires, désirables pour assurer ce service ; il suffirait dans tous les cas, à chaque habitant, de donner un sou par an.

Telle qu'elle est, votre Bibliothèque a un succès complet :

27 volumes	ont été	prêtés en	1878.
259	—	—	1879.
509	—	—	1880.
1.166	—	—	1881.
663	—	—	1882.

La diminution des prêts en 1882 s'explique par ce fait que les livres les plus amusants ont tous été lus, et qu'il a fallu faire rentrer tous les volumes pour faire ce catalogue.

Cependant trop de livres sont restés sur les rayons et n'ont pas encore été demandés, probablement parce qu'on ne les connaît pas, ou qu'on ignore qu'ils sont là.

Ce catalogue, en les faisant connaître, augmentera certainement le nombre des prêts; c'est dans ce but que je l'ai fait imprimer et que j'en offre un exemplaire à chaque ménage.

Disons un mot de la classification des ouvrages.

CLASSIFICATION

Série A.

PHILOSOPHIE — RELIGIONS — MORALE — POLITIQUE

Voici un titre qui attire généralement peu les lecteurs dans les campagnes; eh bien! les lecteurs ont tort, car je ne sais rien de plus intéressant que la comparaison des croyances religieuses, parfois si étranges, qui ont hanté le cerveau des hommes, les ont divisés et les ont poussés à des accès de folie furieuse, à se massacrer pendant des siècles, à brûler les vivants, les plus faibles, en place publique sur des bûchers, pour quelques différences de croyances.

C'est à l'immortelle Révolution de 1789, dont nous célèbrerons le centenaire dans six ans, que vous devez la liberté de penser, de croire seulement ce que votre intelligence accepte, et de prier comme vous l'entendez.

N'oublions pas que le dernier bûcher est presque encore fumant, car ce sont nos grands-pères qui l'ont éteint, et que c'est dans l'étude et la comparaison des différentes religions qu'on puise les idées de tolérance nécessaires dans un pays où les religions les plus contraires vivent côte à côte, comme dans nos ports de mer et dans nos grandes villes.

Toutes les religions sont également bonnes en tant qu'elles apportent des consolations aux malheureux; elles doivent se tolérer les unes les autres, mais à la condition de rester renfermées dans leurs temples, et de ne faire sur la voie publique aucune cérémonie qui soit une provocation aux croyances contraires.

Elles sont dangereuses quand elles deviennent des sectes politiques, et le danger est énorme lorsqu'elles se transforment, ainsi que la secte catholique, en société internationale ayant à l'étranger son chef, étranger lui-même. Contre ce danger, il faut des lois protectrices comme le Concordat et les décrets organiques, et si ces lois deviennent insuffisantes, il en faut faire de plus sévères, car il est impossible de permettre, et on n'a jamais toléré que, sous prétexte de religion, un étranger, quels que soient le nom qu'on lui donne et les habits dont on le couvre, puisse venir saper les lois d'un pays voisin.

Dangers de l'exagération. — Monomanie. — Folie furieuse.

Mais si les religions sont bonnes et respectables, vous, pères de famille qui lisez ces lignes, gardez-vous de laisser mettre dans la tête de vos enfants des idées religieuses exagérées; c'est en cette matière que l'exagération est funeste.

Les idées religieuses exagérées ou fausses dérangent fatalement les jeunes cerveaux, elles les conduisent à la *monomanie*.

La monomanie (folie ou délire sur un seul objet) est un dérangement du cerveau dans lequel une idée s'est implantée, développée, a pris trop de place au détriment des autres et a déséquilibré l'intelligence.

C'est ainsi que la monomanie religieuse amène bien des gens à croire qu'ils sont sur la terre uniquement pour s'occuper du ciel, et les pousse à négliger leurs devoirs en ce monde, en vue d'une autre vie dans un monde meilleur qu'ils ne savent pas où placer.

C'est ainsi encore que, sous prétexte d'être agréables au Créateur, des gens se mettent en opposition avec la première loi de la création et font vœu de célibat, que d'autres se mutilent, etc.

Voulez-vous voir quelles insanités grotesques et risibles fait commettre ce dérangement du cerveau, la monomanie religieuse, et connaître les dangers des idées exagérées, lisez :

21 **Parfait** (P.). — *L'Arsenal de la dévotion.*
22   — *Le Dossier des Pèlerinages.*
23   — *La Foire aux reliques.*
24 **Bert** (Paul). — *La Morale des jésuites.*

Malheureusement les monomanies, quoique commençant toutes par un état de démence inoffensive sur un seul objet, et laissant le raisonnement libre sur les autres sujets, se terminent généralement par des accès de folie furieuse.

Voulez-vous voir à quels accès de folie furieuse la monomanie religieuse, excitée par quelques fanatiques, pousse les hommes, et les crimes sanglants qu'elle leur fait commettre, lisez, série I :

82 *Les Crimes de l'Inquisition.*

Et dans la même série I :

73 **Bastide.** — *Luttes religieuses du premier siècle.*
70   — *Les Guerres de la Réforme.*
3 et 4 — Les mêmes sujets dans *l'Histoire de France* d'Henri Martin.

Je recommande à tous vos soins le nº 82, *les Crimes de l'Inquisition*, ouvrage illustré qu'il serait difficile de retrouver ; après l'avoir donné à votre bibliothèque, j'ai voulu le remplacer dans la mienne, mais les libraires à qui je me suis adressé m'ont dit que tout ce qui restait de l'édition avait été ramassé un même jour par les hommes noirs (c'est leur expression), probablement pour la détruire.

C'est vraisemblable, car nous venons de voir encore (mai 1883), il y a quelques jours, à Toulouse, la jeunesse royaliste et cléricale se ruer sur une baraque de foire et briser les personnages de cire représentant les mêmes scènes de l'Inquisition.

Ces gens-là veulent supprimer l'histoire.

A la fin de ce volume devenu rare, se trouve :

Le Syllabus, ce défi jeté il y a quelques années au bon sens public et aux sociétés modernes par la papauté.

Gardez-vous de laisser enseigner à vos enfants certaines doctrines qu'il contient, et notamment la désobéissance aux lois de notre pays, quand elles sont en opposition avec les lois qu'il plaît à un Italien d'édicter. — Aujourd'hui le pape est Italien, c'est déjà grave; mais que serait-ce si c'était un Allemand qui lui succédât, avec la prétention de commander en France à tous les catholiques, connaissant leurs secrets et exerçant sur eux une pression par le confessionnal, leur faisant persuader qu'ils doivent obéissance d'abord à lui avant que d'obéir aux lois de leur pays?

Statistique religieuse du globe terrestre.

Dans la série A, qui n'est pas encore très riche en volumes, vous pouvez déjà apprendre à connaître et à comparer les croyances religieuses des différents peuples.

Pour vous faciliter cette étude comparative, je vous donne la statistique religieuse du globe d'après les travaux récents de Hübner. La voici :

Chrétiens { Catholiques.............	200	millions
Protestants.............	110	—
Grecs..................	80	—
Sectes diverses.........	10	—
Bouddhistes.......................	500	—
Brahmanistes.....................	150	—
Mahométans.....................	80	—
Israélites	6	mil. 1/2
Religions diverses connues.....	240	—
Religions inconnues...............	16	—
	1.392	mil. 1/2

Dans cette statistique, les différentes sectes chrétiennes (qui admettent la doctrine du Christ) comptent ensemble pour 400 millions; chaque secte interprète cette doctrine d'une façon différente, et il y en a un grand nombre qui n'admettent que la doctrine, et non la divinité, de Jésus; pour elles, Jésus n'est qu'un grand réformateur, fils du charpentier Joseph et de sa femme Marie.

On a disserté sur la divinité de Jésus dans tous les siècles.

Tout récemment encore, il y a une dizaine d'années, on fit un nouvel effort pour amener les différentes sectes du christianisme à admettre toutes que Jésus était un Dieu, et non un simple réformateur.

On réunit à Paris un synode où, parmi les plus grands orateurs qui se firent entendre, figuraient d'un côté Guizot, d'autre côté le pasteur Coquerel et un grand nombre de célébrités qui vivent encore.

On ne put se mettre d'accord, et Jésus continue comme devant à être pour les uns un grand réformateur, le fils d'un charpentier, et pour les autres un Dieu véritable, ou tout au moins le fils de Dieu, ou le tiers de la trinité catholique, composée du Père, du Fils et du Saint-Esprit.

Ainsi soit-il pour ceux que cela satisfait, et notamment pour la secte catholique.

Secte catholique.

La secte catholique, d'après la statistique ci-dessus, compterait 200 millions d'adhérents ; mais c'est un chiffre énormément surfait, et il est bon de le démontrer dans un temps où les partisans du trône et de l'autel affirment si audacieusement que les catholiques sont en majorité en France.

Vous allez voir qu'ils sont en infime minorité.

De bonne foi, on ne peut pas compter comme catholique un homme uniquement parce que, le lendemain de sa naissance, on l'a fait baptiser ; il faut savoir si à l'âge de raison il admet tous les dogmes de la secte catholique, car, s'il en repousse un seul, il doit être compté dans une des sectes protestantes ou réformées : il n'est plus catholique.

En effet, les protestants forment un grand nombre de sectes qui se sont au xvɪᵉ siècle séparées du catholicisme, *protestant* contre tel ou tel dogme, contre les mauvaises mœurs du clergé et des couvents, contre tous les abus qui avaient dénaturé la doctrine de Jésus, demandant *la réforme* de ces abus ; de là leurs noms de *protestants* et de *réformés*.

Toutes ces sectes diffèrent entre elles sur certains points de doctrine et sur certains dogmes, mais elles sont unanimes pour *protester* contre trois choses qui n'existaient pas dans les premiers siècles du christianisme :

1° *Le célibat des prêtres*, introduit définitivement en 1545 par le concile de Trente.

2° *La confession auriculaire*, c'est-à-dire le pouvoir que, plusieurs siècles après Jésus, les prêtres catholiques ont prétendu avoir reçu du ciel, de remettre les péchés.

3° *La suprématie des papes* ; pour toutes les sectes autres que le catholicisme, le pape n'est que l'évêque de Rome, et n'a d'autres pouvoirs que ceux des autres évêques.

Or, si vous protestez contre un seul de ces trois points qui différencient la secte catholique de toutes les autres, vous n'êtes pas catholiques, mais protestants ou libres penseurs; à plus forte raison si vous n'admettez pas un point quelconque de la doctrine catholique, par exemple : la résurrection de la chair ou la présence de Dieu dans une hostie, etc...

Eh bien! parmi vous qui lisez ces lignes, voulez-vous que je vous dise combien dans notre canton il y a d'hommes qui se confessent, et qui, par conséquent, admettent que le curé ait reçu du ciel le pouvoir de remettre les péchés à ceux qui consentent à s'agenouiller devant sa soutane? J'ai voulu le savoir, ennuyé d'entendre dire avec tant d'aplomb que les catholiques sont la majorité, et des renseignements que j'ai pris et crois très exacts il résulte que sur 3,112 électeurs il y en a cinq seulement, répartis en deux communes, qui consentent à s'agenouiller devant le prêtre; et cependant ces 3,112 électeurs sont comptés dans la statistique comme catholiques.

Jugez par là de l'exagération du nombre des catholiques indiqués.

Et, par une simple addition facile, voyez comme le christianisme occupe peu de place dans le monde; il y a des régions immenses où le nom de Jésus n'est pas parvenu, où il est complètement inconnu, tout autant que Bouddha ou Brahma le sont dans nos campagnes.

Ceci dit sur la statistique religieuse du globe, pour faciliter l'étude comparative des diverses religions qui ont hanté le cerveau des hommes, j'ai hâte d'affirmer que cette étude comparative est pleine d'attraits.

Et d'abord :

Le christianisme.

Quoi de plus curieux que le christianisme ?

Voici, dans une petite ville de l'Asie-Mineure, une Juive, femme d'un charpentier modeste, qui, en allant se faire inscrire pour satisfaire à un édit de recensement du gouverneur de la Judée, est prise en route des douleurs de l'enfantement; dans une étable de Bethléem elle met au monde un fils qui deviendra le plus grand de tous les réformateurs.

En aidant son père chez les clients, Jésus, le fils du charpentier Joseph, entend parler des différentes religions de l'Asie et il leur emprunte ce qu'elles ont de meilleur (on retrouve dans ces anciennes religions toute la morale et tous les principes du christianisme). Devenu grand, il prêche dans un admirable langage la liberté, l'égalité, la fraternité, au milieu d'un peuple réduit en esclavage par les Romains.

Ces derniers se hâtent de le mettre à mort. Mais sa doctrine ne périt pas avec lui, et les peuples, courbés sous le joug de leurs vainqueurs, continuèrent à croire qu'il était le Christ, le Messie, le Rédempteur prédit par l'Ancien Testament.

Ses disciples, qui nous ont transmis sa doctrine, ont cru qu'elle gagnerait à être présentée comme émanant d'un être surnaturel, d'un Dieu : Jésus ne fut proclamé Dieu que de longues années après sa mort, vers la fin du 1er siècle. La légende s'empara de lui, elle exploita cet attrait, ce besoin du merveilleux qui se trouve dans tant de cerveaux ; de là la légende nous le représentant sortant de son tombeau, s'envolant au ciel ; de là l'invention de ses miracles ; de là sa conception miraculeuse, qui classe bien un peu son père parmi les maris ridicules ; de là sa mère présentée comme restée vierge, malgré son enfantement et celui de ses quatre autres fils — et tant d'autres légendes des plus curieuses.

Si toutes ces légendes ont pu, dans les siècles d'ignorance, grandir Jésus et sa doctrine, elles semblent aujourd'hui, produire un effet contraire ; avec l'instruction qui se généralise et le besoin de ne croire que ce qu'on comprend, elles sont de moins en moins acceptées.

Mais la morale prêchée par Jésus, qui était celle de Moïse et des religions antérieures, et les idées de liberté, d'égalité, de fraternité continuent à faire leur chemin.

Aujourd'hui les auteurs qui écrivent sur Jésus le dépouillent volontiers des légendes dans lesquelles on l'a enveloppé et dénaturé. Lisez :

17 **Renan.** — *La Vie de Jésus.*

19 **Ferrière** (E.) — *Les Apôtres,* où la réalité remplace la fiction.

Quoi de plus intéressant aussi que l'étude de la doctrine de Jésus si diversement interprétée par les différentes sectes chrétiennes.

Et dans une même secte, la secte catholique par exemple, que de modifications curieuses les siècles ont apportées ! Je veux dire seulement quelques mots de l'introduction dans le catholicisme de la confession auriculaire et du célibat des prêtres.

La confession auriculaire et le célibat des prêtres.

Cette parole de Jésus : confessez-vous les uns aux autres — dans les premiers siècles, voulait dire : demandez-vous pardon les uns aux autres, c'est-à-dire demandez pardon à ceux que vous avez offensés, et c'est ainsi que l'interprètent encore toutes les sectes autres que la secte catholique. Mais comme il est quelquefois impossible de demander pardon à ceux qu'on a offensés, notamment quand ils n'existent plus, il y avait aussi la confession publique — cette humiliation en public n'eut pas longtemps beaucoup de succès.

On imagina de remplacer le public par le prêtre, et de prétendre que les prêtres avaient reçu de Dieu le pouvoir de remettre les péchés; ce fut un trait de génie qui donna pendant plusieurs siècles un immense pouvoir au catholicisme.

En effet, par le confessionnal le prêtre pénétra les secrets de toutes les familles, sut non seulement ce qu'on y faisait, mais aussi ce qu'on y pensait, et, comme le premier devoir du prêtre est d'obéir à son évêque et par conséquent de répondre à ses questions, les évêques furent les hommes les mieux informés; on n'inventa jamais une organisation policière plus complète et plus puissante.

La confession auriculaire ne commença à s'introduire que vers le IXe siècle, et ne devint obligatoire que dans le commencement du XIIIe (concile de Latran, 1215).

Aussitôt établie, les jeunes prêtres abusèrent du confessionnal pour séduire et épouser les jeunes filles riches, car les prêtres pendant les quinze premiers siècles se mariaient.

Scandales et plaintes sans nombre dans toute la chrétienté; on assemble un concile : le remède était bien simple, il n'y avait qu'à supprimer l'invention nouvelle de la confession auriculaire; mais, au point de vue politique et policier, on avait entre les mains une arme trop puissante pour l'abandonner; comment renoncer au confessionnal, ce moyen si simple de savoir tout ce qui se fait et tout ce qui se pense dans une commune! On préféra interdire aux prêtres de se marier.

Notons que pendant quinze siècles et demi, les prêtres, comme les évêques, ont pris femme, comme avaient fait d'ailleurs les apôtres; même il leur arrivait d'en prendre plusieurs à la fois, puisque saint Paul, dans sa première Epître à Timothée, recommande « que l'évêque soit le mari d'une seule femme ».

Lorsque parurent les décrets de Grégoire interdisant le mariage des prêtres, il y eut une résistance du clergé qui alla jusqu'à la violence et sur laquelle j'ai là des notes qui se résument ainsi :

1074 — L'archevêque de Mayence assemble un concile et engage son clergé à renoncer au mariage ou à l'autel ; — on veut le mettre à mort.

1075 — Octobre. Nouveau concile dé l'archevêque de Mayence en présence du légat du pape. — Les clercs s'insurgent ; craignant de ne pas sortir vivant du concile, il cède.

La même scène se reproduit à Passau ; l'évêque manque d'être mis en pièces. A Constance, l'évêque prend le parti des concubinataires.

Ce fut bien pis en France : tout le concile se prononce contre le pape ; seul l'abbé Gauthier, de Pontoise, ose soutenir les décrets du pape ; on l'arrache du concile, on le traîne par la ville.

L'évêque récalcitrant de Poitiers est mandé à Rome et excommunié.

1080 — Nouveau concile à Lyon. L'archevêque essaie de corrompre le légat du pape ; il lui offre 300 livres d'or et des présents considérables ; il est déposé. L'évêque d'Orléans est aussi déposé : 19 évêques allemands et 30 prêtres italiens déposent le pape ; l'Eglise est en insurrection contre son chef.

Grégoire cherche un appui dans le peuple contre le clergé, et ce n'est qu'en soulevant les passions populaires qu'il fut le plus fort : il y eut des prêtres mutilés, il y en eut qui périrent dans de longs tourments. — Oui, mais du mépris des curés soufflé par le pape au mépris de l'Eglise, il n'y avait qu'un pas : on vit des laïques repousser le baptême, la confession, tous les sacrements. L'opposition contre le clergé fit naître des sectes qui rejetèrent l'autorité de l'Eglise, du pape. La première œuvre des réformateurs fut d'abolir le célibat des prêtres ; tous les pasteurs des sectes protestantes ou réformées se marient.

La Réforme abolit aussi la confession auriculaire ; elle traita d'imposteurs les prêtres catholiques qui prétendaient avoir reçu de Dieu le pouvoir d'interroger les gens et de leur remettre leurs péchés.

Si je me suis étendu sur l'introduction dans la secte catholique de la confession auriculaire et du célibat des prêtres, ce n'est pas seulement parce que j'ai cru que les détails que je viens de donner vous intéresseraient et vous montreraient combien l'étude des religions a d'attraits ; mais c'est aussi parce que ces vœux de célibat, en plaçant les curés et les congréganistes en dehors des lois de la nature, ont eu et ont encore des conséquences déplorables sur lesquelles il est temps d'ouvrir les yeux.

Il n'y a pas de jour où nous ne lisions les condamnations pro-

noncées contre des congréganistes et même des curés pour attentats aux mœurs !

Avant la Révolution de 1789, les gens de religion avaient les tribunaux ecclésiastiques qui étouffaient toujours leurs méfaits et
condamnaient leurs victimes quand elles osaient se plaindre; mais
aujourd'hui qu'ils n'ont plus de tribunaux exceptionnels, la presse
nous montre l'étendue du mal, conséquence du célibat.

Je n'ai pas besoin d'insister dans le canton de Dourdan, d'où les
séminaristes ont été chassés et envoyés en Cour d'assises.

Religions diverses.

Si vous voulez connaître les autres religions toutes aussi curieuses que le christianisme, lisez :

20 **Pautier**. — *Les livres sacrés*.
13 **Genty**. — *Religions*.
 6 **Dupuis**. — *Origine des cultes*.
18 **Mahomet**. — *Le Coran*.

Postérieur de six siècles au fils du charpentier de Nazareth et de
Marie, Mahomet ne change rien à la morale de Moïse et de Jésus, et
le Coran, qui est le livre, la Bible des mahométans, est très intéressant à lire.

12 *La Bible* est encore plus intéressante que le Coran.

Le mot Bible vient d'un mot grec qui veut dire : le livre, livre
bien intéressant qui nous montre, entre autres choses, quelle était la
civilisation de l'Orient au temps où il fut écrit, quelles étaient les
croyances des peuples sur la formation de la terre et l'apparition de
l'homme à sa surface ; croyances qui n'ont plus cours aujourd'hui;
la science, qui chaque jour dérobe à la nature ses secrets et découvre
les lois de la création, nous montre que la Bible est remplie d'er-
reurs, au grand chagrin du catholicisme qui, pendant des siècles,
ayant soutenu que la Bible était un livre *révélé*, n'ose pas encore se
démentir aujourd'hui. Lisez sur cette prétendue révélation : *Voltaire*.

15 **Draper**. — *Les Conflits de la science et de la religion*.
    Renan. — *R. des D.-M.*, 1er novembre 1882, page 15, vous dira
    comment l'étude des livres *prétendus révélés,* les erreurs et
    les contradictions qu'ils contiennent, l'ont conduit au doute,
    l'ont fait quitter le séminaire et renoncer à se faire prêtre.

En lisant la Bible, ne présentez pas à vos enfants comme vérité ce
qui n'est que légendes, légendes charmantes, poétiques et très

amusantes, comme : la création, le paradis terrestre, Jonas dans la
baleine, le déluge, l'arche de Noë! Aujourd'hui nous n'avons plus
besoin de la légende du déluge; nous savons que notre globe terrestre, avant l'apparition à sa surface des animaux qui vivent dans
l'air, était complètement entouré d'eau, et que les continents sont
sortis du sein des mers par soulèvement, à la suite de convulsions
volcaniques; nous n'avons donc plus besoin, pour expliquer la présence des coquillages marins sur les sommets des montagnes, de la
légende du déluge que Dieu aurait envoyé pour punir les hommes
de leur méchanceté, noyant les innocents avec les coupables, même
les enfants qui venaient de naître; ce qui donnerait de la justice
divine une aussi triste idée que cette autre légende de madame
Eve chassée du paradis terrestre pour avoir croqué une pomme,
faute assurément légère pour laquelle Dieu aurait puni toutes les
autres femmes, même les nôtres qui, nées dix-huit siècles plus tard,
ne sauraient sans injustice être responsables de ce qui se serait passé
avant elles.

L'arche de Noë est aussi une légende non moins amusante, mais
ce n'est que la création d'un cerveau rempli de poésie; on a calculé
que pour contenir une paire de tous les animaux, avec leur nour-
riture pour plus de dix mois, il faudrait un vaisseau plus grand que
deux fois la surface de Paris.

Et nous aurions à plaindre la famille Noë si elle avait eu à net-
toyer tous les jours une arche deux fois grande comme Paris remplie d'éléphants, de tigres, de lions et de tous les animaux de la
création dont nous n'avons que des spécimens incomplets dans nos
muséums déjà cent fois plus grands que l'arche de Noë.

Donc lisez la Bible, mais gardez-vous de croire qu'il y ait des
livres révélés.

Série B

' AGRICULTURE — HORTICULTURE — SYLVICULTURE — PISCICULTURE, etc.

Les titres des soixante volumes qui composent cette série in-
diquent suffisamment leur intérêt.

Je recommande à ceux qui aiment à tailler les arbres fruitiers de
leur jardin les numéros suivants :

1 **Gressent.** — *Arboriculture fruitière.*
4   —   *Almanach*   *1867.*
5   —   —   *1868.*
44   —   —   *1869.*
2 **Dubreuil.** — *Cours d'arboriculture.*

Si vous lisez les n°s 16 et 17 vous voudrez tous *élever des Abeilles* et vous vous en trouverez bien.

Les Agriculteurs trouveront dans la série B toutes les notions et tous les renseignements qui les intéressent.

Série C

LÉGISLATION — ADMINISTRATION — ÉCONOMIE POLITIQUE

Les articles de la *Revue des Deux-Mondes* que nous désignons *R. des D.-M.*, par abréviation, composent un ensemble des plus intéressants sur les questions d'administration et d'économie politique.

La *Revue des Deux-Mondes* publie les 1er et 15 de chaque mois un volume dans lequel, outre la partie purement littéraire, composée de romans, de nouvelles, d'études historiques, dus à nos meilleurs auteurs, se trouvent traitées de mains de maîtres les questions d'économie politique à l'ordre du jour en France et à l'étranger.

Je continuerai de donner tous les ans le plus longtemps que je pourrai, après les avoir lus, les vingt-quatre volumes publiés dans l'année et qui, outre les romans les plus nouveaux, publient sur tous les sujets d'une certaine actualité de fort remarquables articles, écrits le plus souvent par nos académiciens.

Lisez pour vous mettre en goût *les Origines de la crise Irlandaise.* — *La ligue agraire.* — *Le fénianisme,* — par Edmond Hervé *(R. des D.-M.),* 1er septembre, 1er octobre 1880, 1er juin, 1er et 15 août 1882. — *La politique concordataire,* par Albert Duruy *(R. des D.-M.)* du 15 juin 1882.

Série D

INDUSTRIE — COMMERCE — ARTS ET MÉTIERS

Cette série comprend un grand nombre des manuels si utiles publiés par la librairie Roret sur chaque profession; il faudrait les recommander tous, ils sont indispensables non seulement aux apprentis, mais même aux patrons qui tous, certainement, y apprendront beaucoup, quelque savants qu'ils se croient.

Dans notre village, où l'on ne fait qu'un cidre fort médiocre, faute de soins, je recommande de lire :

N° 15 *Cidre et poiré.*

Je pourrais vous nommer quelqu'un de notre commune qui, en suivant les prescriptions de ce manuel, a fait d'excellent cidre.

Dans cette série D lisez.

N° 2 **Figuier** (L.).— *Les Grandes inventions modernes.*

3

Série E

Ne manquez pas de lire :

N° 17 *Le Manuel de la rage* (figure), et suivez, s'il y a lieu, ses indications.

Série G

LITTÉRATURE — THÉATRE — POÉSIE — CONTES — ROMANS —
ŒUVRES DIVERSES

Cette série contient tous les chefs-d'œuvre des auteurs français et étrangers ; les 310 volumes qui la composent ont presque tous été lus, et déjà bon nombre de volumes de la *Revue des Deux-Mondes* ont été demandés.

La *Revue des Deux-Mondes (R. des D.-M.)* publie 2 volumes par mois, et, dans chaque volume, il y a une place réservée aux romans les plus nouveaux et les plus remarquables ; nos plus grands littérateurs tiennent à honneur d'être publiés d'abord par la *Revue des Deux-Mondes*.

Nous avons donné dans ce catalogue les titres des romans, poésies, nouvelles les plus remarquables contenus dans les nombreux volumes de la *R. des D.-M.* que possède déjà notre bibliothèque ; mais c'est un travail qui ne sera pas continué vraisemblablement quand, dans quelques années, on imprimera un nouveau catalogue, parce qu'il coûterait trop cher d'impression, et aussi parce que le dépouillement que je donne aujourd'hui suffira pour faire ouvrir beaucoup de volumes de la *R. des D.-M.* et montrer aux lecteurs de romans qu'ils en trouveront dans chaque volume et que cette revue forme à elle seule une véritable bibliothèque des plus intéressantes sur tous les sujets.

Le n° 144 *Voltaire, édition du centenaire,* devrait être dans toutes vos bibliothèques ; ce volume contient tous les romans si amusants de Voltaire, et je ne connais pas un volume qui renferme autant d'esprit.

Parmi les publications périodiques qui figurent dans cette série, ouvrez l'*Illustration,* nombreux volumes remplis de gravures.

Dans la *Gazette du Village,* vous trouverez des romans charmants, notamment : l'*Histoire d'un Sous-Maître,* par Erckmann-Chatrian.

Série H

Nous avons mis dans cette série de préférence des livres illustrés; faites voir les images à vos enfants, elles leur apprendront chaque fois quelque chose. Je recommande :

17 **Faraday**. — *Histoire d'une chandelle.*
18 **Macé** (Jean). — *Histoire d'une bouchée de pain.*
19   — *Les Serviteurs de l'estomac.*

Série I

HISTOIRE — BIOGRAPHIE

Il y a eu bien des manières d'écrire l'histoire :

Dans la Bible on fait intervenir la Divinité dans tous les évènements racontés.

Dieu dit à Moïse...

Dieu donna la victoire à...

La foudre détruit-elle une ville... Dieu lança le feu du ciel sur Sodome pour punir ses habitants de leur impiété...

Il vient parfois à l'esprit des historiens des interventions de la Divinité bien amusantes; j'ai là sous les yeux la Bible où je lis, IV, Rois, chapitre 24, histoire de Nabuchodonosor :

« Alors le Seigneur envoya des voleurs de Chaldée, de Syrie, de Moab... contre Juda pour l'exterminer... »

Ce mélange de Dieu avec des voleurs n'est pas dépourvu de charmes ! et montre bien le parti pris de tout expliquer par l'intervention divine.

Sous les monarchies absolues, les historiens ne pouvaient que chanter les louanges du trône et de l'autel; s'ils s'étaient permis les moindres critiques ou le plus petit tableau des misères du peuple, ils eussent été envoyés dans les cachots et leurs livres eussent été brûlés.

Les monarchies ne supportaient que des louanges et étaient bien plus préoccupées de supprimer l'histoire que de l'écrire; quand on était trop près des évènements pour les supprimer, on les dénaturait.

Un des exemples les plus fameux du sans-gêne avec lequel, pour tromper les générations à venir, on dénature les faits, se trouve dans l'Histoire de France du père Loriquet : ce jésuite, pour faire croire aux enfants élevés dans les couvents que les Français ont été toujours gouvernés par des rois de droit divin, se transmettant les pouvoirs qu'ils auraient reçus de Dieu, prend le parti de présenter Napoléon Ier comme un lieutenant de Louis XVIII.

Et c'était encore le seul livre dans lequel on enseignait l'histoire dans les couvents sous Napoléon III; il a fallu une interpellation aux Chambres pour faire cesser ce scandale.

Le trône et l'autel avaient d'excellentes raisons pour tronquer ainsi ou supprimer l'histoire :

Comment faire croire aux peuples que c'est Dieu qui a envoyé les rois sur la terre pour faire leur bonheur, si on laisse dépeindre dans des livres l'asservissement, les misères, les souffrances, les famines qui ont décimé les pauvres peuples sous la royauté se disant de droit divin?

Comment faire croire que les papes sont les représentants d'un Dieu de justice sur cette terre, si vous laissez connaître l'histoire des Borgia, d'Alexandre VI, de la papesse Jeanne, et des papes qui ont souillé le trône pontifical des vices les plus honteux et de tous les crimes?

Comment faire croire que les curés, au ixe siècle, aient reçu de Dieu le droit de remettre aux mortels leurs péchés, si vous laissez la presse vous montrer qu'ils sont eux-mêmes de très grands pécheurs, et compter les jours par les condamnations qui les frappent.

La monarchie avait donc bien ses raisons pour supprimer ou tronquer l'histoire.

Mais sous les gouvernements démocratiques et dans les Républiques on écrit l'histoire des peuples et non l'histoire des rois, et l'on cherche dans les temps passés des enseignements utiles pour l'avenir.

Au mois d'octobre dernier (1882), le ministre de l'instruction publique, dans un banquet, indiquait ainsi ce que de nos jours doit être l'enseignement de l'histoire.

« Les enfants doivent connaître notre constitution et nos lois; ils doivent juger ce bon vieux temps si vanté; si on supprime les appréciations, on supprime l'histoire. Quand l'instituteur parlera de Louis XIV, il rappellera les bûchers et la persécution religieuse ; quand il s'occupera de Louis XV, il retracera le mouvement philosophique qui précéda la Révolution ; quand il enseignera la géographie, il redira l'attachement que nous éprouvons pour l'Alsace et la

Lorraine, en même temps qu'il désignera le régime qui nous les fit perdre. »

Si vous voulez vous rendre compte de la situation de nos pères au milieu d'un pays de culture comme le nôtre, lisez :

133 **Bonnemère**. — *Histoire des paysans.*
134   —   *Histoire des camisards.*

Tous les livres d'histoire de France sont à lire.

En lisant l'histoire de France et des autres pays, vous serez frappés de voir combien la religion est mêlée à la politique, et comment le sentiment religieux, si respectable, a dans tous les siècles été surexcité, d'abord par ceux qui en vivent, ensuite par les partis politiques qui l'ont exploité pour diviser et gouverner les naïfs.

Les guerres de religion, les croisades, les massacres de la Saint-Barthélemy, le massacre des Vaudois, les dragonnades sous Louis XIV, la terreur blanche sous la Restauration, etc., sont des exemples navrants et qui semblent n'avoir rien appris aux hommes, car dans bien des pays il n'y a encore rien de changé; l'esprit de la Révolution française et les idées de tolérance ne sont pas encore parvenus partout : nous voyons encore en 1883 des massacres de juifs en Russie et de chrétiens en Asie.

Il faut lire et étudier l'histoire, y puiser des enseignements pour l'avenir.

Publications périodiques :

L'Illustration (36 volumes). — *L'Illustration*, journal hebdomadaire illustré, met sous les yeux les faits les plus mémorables qui, dans le monde entier, viennent de se passer.

Ayant cessé d'être abonné à *l'Illustration*, j'ai fait des efforts auprès d'un habitant de notre commune qui reçoit *l'Illustration*, pour l'engager à donner, à la fin de chaque année, les volumes faisant suite aux 36 volumes par moi offerts, m'engageant à les faire relier à mes frais et à remplacer les livraisons qui manqueraient; mes efforts ont été stériles, mais je crois que parmi vous, mes chers lecteurs, il y en a qui seraient facilement plus heureux que moi et obtiendraient ce complément précieux pour notre bibliothèque.

La Gazette du Village. — Dans cette publication hebdomadaire, que j'envoie après l'avoir lue, se trouvent, avec les faits politiques sainement racontés, de charmants romans, comme l'*Histoire d'un Sous-Maître,* par Erckmann-Chatrian, que je vous recommande.

JULES POUPINEL,
Conseiller général.

1ᵉʳ *juillet* 1883.

INDEX

OBSERVATIONS

On lit toujours avec peu de plaisir un volume sali, décousu, à feuillets froissés ou déchirés. Mais comme les livres dont on a soin demeurent, après de très nombreuses lectures, entiers, nets et comme neufs, il dépend des lecteurs de les maintenir en ce bon état de conservation. Les précautions suivantes leur sont, à cet effet, recommandées :

Tenir les livres, lorsqu'on les lira, revêtus d'une couverture en papier, par exemple d'un morceau de journal.

Lire en ayant, autant que possible, le livre placé devant soi sur une table débarrassée de tout ce qui pourrait le salir.

Ne pas appuyer le bras sur le livre ouvert, comme font souvent les enfants.

A défaut de table, tenir le livre ouvert dans la main, en évitant de laisser traîner sur les pages un doigt qui ne manquerait pas d'y marquer sa trace, en évitant aussi de le replier sur lui-même, les plats renversés l'un sur l'autre, ce qui le briserait ou ferait sortir les feuillets.

Ne point marquer d'un pli ou (comme on dit) d'une corne la page à laquelle on s'arrête : une marque est inutile au lecteur attentif. Celui qui croira devoir en faire usage placera dans le volume une petite bande de carte ou de papier que l'on pourra au besoin demander au bibliothécaire.

Ne jamais tourner les feuillets en les froissant avec un doigt mouillé.

Prendre garde qu'il ne soit fait ni écritures, ni taches, soit sur la couverture, soit à l'intérieur du livre.

Renfermer le volume dans un meuble aussitôt après chaque lecture.

Ces soins sont prescrits dans l'intérêt de la Bibliothèque et de tous les lecteurs. On ne doute pas que chacun d'eux n'ait à cœur de les observer.

(Les conseils ci-dessus sont donnés par la Société Franklin.)

RÈGLEMENT

Article 1er. — La Bibliothèque populaire communale de Saint-Arnoult, fondée en 1878 par le Conseil municipal, dans le but de procurer à tous les habitants les livres nécessaires à leur instruction ou à leur délassement, admet les ouvrages en tous genres : instruction, histoire, voyages, sciences et arts, littérature, religion, etc.

Art. 2. — Elle a pour ressources les allocations votées par le Conseil municipal, les dons volontaires en argent et en livres.

Art. 3. — Elle est administrée par un Comité composé de M. le maire, qui en est le président, et de quatre membres nommés par le Conseil municipal.

Le Comité se réunit quand il y a lieu, et au moins une fois l'an ; il est juge de l'admission des ouvrages et statue sur l'emploi des fonds disponibles.

Art. 4. — Le bibliothécaire-trésorier est nommé par le Comité.

Le bibliothécaire est chargé de garder et de prêter les livres, de dresser et de communiquer le catalogue, d'inscrire les sorties et les rentrées, de veiller à ce que les livres prêtés soient réintégrés à la Bibliothèque dans le délai prescrit, de faire, sur les ordres du Comité, les achats de livres et de les faire relier ou cartonner solidement.

Il est chargé d'encaisser les subventions, souscriptions ou autres produits de la Bibliothèque, et de payer les dépenses, tenir registre des recettes et dépenses, et d'en rendre compte au Comité.

Par les soins du bibliothécaire, tous les volumes seront marqués intérieurement, à la première page, d'un cachet ou timbre au nom de la Bibliothèque ou de la commune. A côté

4

de cette empreinte, il indiquera le prix du livre, reliure comprise, pour prévenir toute contestation s'il y avait lieu de le faire payer, conformément à l'article 11. Tous les volumes porteront au dos le titre de l'ouvrage et le numéro du catalogue.

Art. 5. — Le prêt des livres est gratuit au profit de toute personne domiciliée dans la commune et âgée de 15 ans au moins.

Art. 6. — La distribution des livres a lieu le dimanche, de une à deux heures, et le jeudi de onze heures à midi.

Art. 7. — Chaque lecteur ne peut recevoir qu'un volume à la fois, excepté lorsque l'ouvrage est composé d'un volume de texte et de planches reliées à part.

Les instituteurs et les institutrices auront le droit de prendre le nombre d'ouvrages qu'ils croiront pouvoir être mis entre les mains de leurs élèves.

Art. 8. — Un livre ne pourra être gardé plus de vingt jours.

Art. 9. — Les dictionnaires et les grands atlas ne pourront être consultés que sur place.

Art. 10. — Les livres doivent être conservés propres, et rendus dans l'état où ils étaient en sortant de la Bibliothèque.

Art. 11. — Tout lecteur, en cas de perte ou de détérioration d'un volume, sera tenu d'en rembourser la valeur ou les frais de réparation, estimés par le bibliothécaire ou le Comité ; en cas de refus, il sera à tout jamais exclu de la Bibliothèque et, de plus, poursuivi en justice, si l'ouvrage détérioré ou perdu a une valeur assez importante.

Arrêté à Saint-Arnoult, en mai 1879, par le Comité.

CATALOGUE

DE LA

BIBLIOTHÈQUE POPULAIRE

DE SAINT-ARNOULT

~~~~~~~~~

Série A.

PHILOSOPHIE, RELIGIONS, MORALE, POLITIQUE.

(ÉTIQUETTE BLANCHE (1).

1 144 **Carrey** (Emile). — Réponse à MM. les évêques signataires d'adresses au Parlement sur les lois Ferry.
2 206 **Rousseau** (J.-J.). — Le Contrat social.
3 215 **Volney.** — Les Ruines.
4 218 **Lamennais.** — Paroles d'un croyant.
5 235 **Descartes.** — Discours sur la Méthode.
6 252 **Dupuis.** — Origine des Cultes.
7 254 **Massillon.** — Petit Carême.
8 265 **Pascal.** — Pensées.
9 286 **Cicéron.** -- De la République.
10 291 **Alfieri** (Victor). — De la Tyrannie.
11 293 **Mably.** — Des droits et des devoirs du citoyen.
12 311 **Le Maistre de Sacy.** — La Sainte Bible.
13 317 **Genty.** — Religions.
14 320 **Andrieu.** — Philosophie et morale.
15 345 **Draper.** — Les Conflits de la science et de la religion.
16 352 **Bersot** (E.). — Conseils d'enseignement, de philosophie et de politique.
17 363 **Renan.** — Vie de Jésus.
18 368 **Mahomet.** — Le Coran.
19 375 **Ferrière** (E.). — Les Apôtres.
20 376 **Pauthier.** — Les Livres sacrés d'Orient.
21 377 **Parfait** (P.). — L'Arsenal de la dévotion.
22 378 — Le Dossier des pèlerinages.

(1) Le 1er chiffre indique le numéro de la série, le 2e celui du catalogue matricule.

23   379 **Parfait** (P.). — La Foire aux reliques.

24   380 **Bert** (Paul). — La Morale des Jésuites.

25   449 **Agénor de Gasparin** (comte). — Discours politiques.

26   463 **Lamartine.** — Le Conseiller du peuple (journal.— 24 nu-
          méros. — 1849-1850).

27   469 **Marion** (H.). — Devoirs et droits de l'homme (2 *grav.*).

28   660 **Lavigne.** — De la nature des choses.

29   666 **Chateaubriand.** — Les Martyrs.

30   668 **Ruchet.** — La Science et le Christianisme.

31   698 **Morin.** — Jésus réduit à sa juste valéur.

60   158 **Janet** (Paul). — La Philosophie de la croyance (*Revue
       . des Deux-Mondes*, 15 octobre 1881).

60   158 **Renan** (Ernest). — Le christianisme 150 ans après Jésus
          (*Revue des Deux-Mondes*, 1er novembre 1881).

60   158 — Souvenirs d'enfance et de jeunesse (*Revue des Deux-
          Mondes*, 15 mars et 1er décembre 1876; 1er no-
          vembre 1880; 15 décembre 1881; 1er et 15 no-
          vembre 1882).

60   158 — L'Ecclésiaste. Age et caractère du livre (*Revue des
          Deux-Mondes*, 15 février 1882).

60   158 **Fouillée** (Alf.). — L'Art de la nature et la Finalité esthé-
          tique selon le spiritualisme contemporain (*Revue
          des Deux-Mondes*, 15 novembre 1881).

60   158 **Caro** (E.). — Le prix de la vie humaine et la question du
          bonheur dans le positivisme (*Revue des Deux-
          Mondes*, 1er août 1882).

60   158 — Emile Littré. La Philosophie positive (*Revue des
          Deux-Mondes*, 1er avril, 1er mai 1882).

60   158 **Boissier** (Gaston).— Les Origines du christianisme d'après
          M. Renan (*Revue des Deux-Mondes*, 1er mars 1882).

60   158 **Valbert** (G.). — Les Juifs allemands et leurs ennemis
          (*Revue des Deux-Mondes*, 1er mars 1882).

60   158 **E. de Laveleye.** — Le Régime parlementaire (*Revue des
          Deux-Mondes*, 15 décembre 1882).

60   158 **Maury** (Albert).— Les Titres nobiliaires en France (*Revue
          des Deux-Mondes*, 15 décembre 1882).

     374 **Pie IX.** — Le Syllabus inséré à la fin des crimes de l'In-
          quisition (Voir série I, no 82).

Série B.

AGRICULTURE, HORTICULTURE, SYLVICULTURE, PISCICULTURE, ETC.

(ÉTIQUETTE ROUGE).

1   59 **Gressent.** — L'Arboriculture fruitière (taille et greffes) (gravures).
2   61 **Du Breuil.** — Cours d'arboriculture (1er vol.) (grav.).
3   62   —   —   (2e vol.) (grav.).
4   63 **Gressent.** — Le Potager moderne (plans et gravures).
5   64   —   Almanach pour 1867 (gravures).
6   65   —   —   1868 (gravures).
7   66 **Joigneaux.** — Agriculture et Botanique.
8   67 **Dumas.** — Enquête officielle sur les engrais.
9   85 **De Varennes.** — Les Veillées de la ferme du Tourne-Bride.
10   86 **Joigneaux** (P.). — Petite école d'agriculture (avec fig.).
11   88 **Rendu** (Victor). — La Basse-cour.
12   89 **Menault** (E.). — Le Berger (avec figures).
13   139 **Anonyme.** — Compte rendu des opérations du comice agricole de Seine-et-Oise (1878).
14   150 **Lavallée** (Alph.). — Enumération des arbres et arbrisseaux cultivés à Segrez (Seine-et-Oise).
15   156 **Heuzé.** — Nouveau Manuel complet des constructions agricoles (atlas).
24   178   —   Constructions agricoles.
46   650   —   La France agricole (figures).
16   159 **Radouan et Malpeyre.** — Les Abeilles (1er volume).
17   160   —   —   (2e volume).
18   161 **Vérardi et Joly.** — Destruction des animaux nuisibles (1er volume).
19   162   —   Destruction des animaux nuisibles (2e volume).
20   164 **Yvart.** — Assolements, jachères, etc. (1er volume).
21   165   —   —   (2e volume).
22   166   —   —   (3e volume).
23   176 **Davy et Vergnaud.** — Chimie agricole.

25 180 **Rendu** (V.). — Agriculture.
26 182 **Thiébaud de Berneaud.** — Cultivateur français (1ᵉʳ vo-
              lume (avec planches).
27 183 — Cultivateur français (2ᵒ volume) (avec pl.).
28 184 **Hourrier et Malepeyre.** — Distillation de l'eau-de-vie
              de pomme de terre et de betteraves(avec planch.).
29 185 **De La Hedde.** — Drainage mis à la portée des cam-
              pagnes.
30 186 **Landrin** (Eug. et Henri). — Engrais.
31 341 **Pierre.** — Chimie agricole (avec figures).
32 342 **Barral.** — Trilogie agricole.
33 343 **Ville.** — Les Engrais chimiques (figures).
34 344 **Girardin.** — Des Fumiers et autres Engrais animaux.
35 347 **Boussingault.** — Economie rurale (1ᵉʳ volume).
36 348 —   —   (2ᵉ volume).
37 349 — Chimie agricole.
38 357 **Koltz.** — Guide pratique de la culture du saule (fig.).
39 365 **Joigneaux** (P.). — Agriculture et Botanique (figures).
40 366 **Divers.** — Enquête sur les engrais industriels (t. 1ᵉʳ).
41 367 —   —   (t. 2).
42 381 **Dralet.** — L'Art du taupier (figures).
43 384 **Caussé.** — Manuel populaire d'hygiène et d'élevage des
              animaux domestiques.
44 464 **Gressent.** — Almanach pour 1869 (taille des arbres) (avec
              gravures).
45 507 **Calemard de La Fayette.** — Petit-Pierre ou le bon Culti-
              vateur.
47 669 **Maigne.** — Simples notions d'agriculture (figures).
60 158 **Duponchel** (A.). — L'Agriculture extensive et les allu-
              vions artificielles (*Revue des Deux-Mondes*, 15 avril
              1882).

Série C.

LÉGISLATION, ADMINISTRATION, ÉCONOMIE POLITIQUE.

(ÉTIQUETTES JAUNE BRUN).

1   133 **Noël** (O.). — Autour du foyer.
2   151 **Cernuschi.** — Mécanique de l'échange.
3   288 **Beccaria.** — Traité des délits et des peines.
4   292 **Vauban.** — La Dîme royale.
5   340 **Stanley** (Jevons). — L'Economie politique.
6   353 **Rendu** (A.). — L'Economie politique à l'école primaire.
7   452 **Menier.** — Théorie et application de l'impôt sur le capital.
8   570 **Carraud** (Mme). — Les Veillées de maître Patrigeon.
9   571 **Block.** — Petit Manuel d'économie pratique.
10 572 — La France.
11 573 — Le Département.
12 574 — La Commune.
13 575 — Le Budget (revenus et dépenses de la France).
14 576 — L'Impôt.
15 577 **Prat.** — Droit civil et commercial.
16 648 **Lescarret.** — Entretiens sur l'économie sociale.
17 658 **Robert** (Ch.). — La Suppression des grèves.
18 679 **Joffres** (Mlle Marie). — Capital et travail.
60 158 **Bertrand** (J.). — La question monétaire (*Revue des Deux-Mondes*, 1er septembre 1881).
60 158 **Picot** (George). — Une statistique de la France sous l'ancien régime, Louis XIV (*Revue des Deux-Mondes*, 1er septembre 1881).
60 158 **Oth^{in} d'Aussonville.** — La misère à Paris, la population nomade, les asiles de nuit (*Revue des Deux-Mondes*, 15 juin et 1er octobre 1881).
60 158 **Cucheval-Clarigny.** — Les finances de l'Italie, la législation financière (*Revue des Deux-Mondes*, 15 décembre 1881).
60 158 **Grad** (Charles). — Les finances de l'empire allemand, la constitution et le budget (*Revue des DeuxMondes*, 1er septembre 1882).

60 158 **Baudrillart** (Henri). — Les populations rurales de la France, le Nord et le Nord-Ouest (*Revue des Deux-Mondes*, 15 août et 1er septembre 1882).

60 158 **Hervé** (Ed.). — Les origines de la crise irlandaise, la ligue agraire, le fénianisme (*Revue des Deux-Mondes*, 1er septembre, 1er octobre 1880 ; 1er juin, 1er et 15 août 1882).

60 158 **Fouillée** (Alfred). — La Philanthropie scientifique (*Revue des Deux-Mondes*, 15 septembre 1882).

60 158 **Beaussire** (Em.). — Les questions d'enseignement secondaire sous la 3º République (*Revue des Deux-Mondes*, 15 juin et 1er août 1882).

60 158 **Leroy-Beaulieu.** — L'Egypte et le contrôle anglo-français (*Revue des Deux-Mondes*, 1er août 1882.)

60 158 — La Russie sous le tzar Alexandre III (*Revue des Deux-Mondes*, 15 mai 1882).

60 158 — L'empire des tzars (*Revue des Deux-Mondes*, 15 juin 1880).

60 158 **Duruy** (Albert). — L'instruction publique et la Révolution, les écoles primaires et leur organisation sous le Directoire (*Revue des Deux-Mondes*, 15 avril, 15 juin, 15 juil., 15 sept., 15 déc. 1881).

60 158 — La politique concordataire (*Revue des Deux-Mondes*, 15 juin 1882).

60 158 **Richet** (Ch.). — L'accroissement de la population française (*Revue des Deux-Mondes*, 15 avril et 1er juin 1882).

60 158 **Valbert** (G.). — L'agitation anglaise contre le tunnel de la Manche (*Revue des Deux-Mondes*, 1er juin 1882).

60 158 **Raffasovich** (Arth.). — La ville de Londres, son administration, ses travaux publics (*Revue des Deux-Mondes*, 1er juillet 1882).

60 158 **Bailleux de Marisy.** — Mœurs financières de la France, les titres des sociétés de chemins de fer (*Revue des Deux-Mondes*, 15 juin 1882).

60 158 **Valbert** (G.). — L'enseignement primaire obligatoire et laïque (*Revue des Deux-Mondes*, 1er avril 1882).

60 158 **Desjardins** (Arth.). — La loi de 1849 et l'expulsion des étrangers (*Revue des Deux-Mondes*, 1er avril 1882).

60 158 — Les derniers progrès du droit international (*Revue des Deux-Mondes*, 15 juillet 1882.

60 158 **Desjardins** (Arth.). — La magistrature élue (*Revue des Deux-Mondes*, 1er août 1882).

60 158 **Aube** (le contre-amiral). — La guerre maritime et les ports militaires de la France (*Revue des Deux-Mondes*, 15 mars 1882).

60 158 **Lavisse** (Ern.). — L'enseignement historique en Sorbonne et l'éducation nationale (*Revue des Deux-Mondes*, 15 février 1882).

60 158 **Un ancien magistrat.** — Les interprètes civils en Algérie (*Revue des Deux-Mondes*, 15 février 1882).

60 158 **Lareleye** (E. de). — L'Apôtre de la destruction universelle, Bakounine et l'Internationale (*Revue des Deux-Mondes,* 1er juin 1880).

60 158 **Fustel de Coulange.** — L'enseignement supérieur en Allemagne (*Revue des Deux-Mondes*, 15 août 1879).

60 158 **Duruy** (Albert). — La liberté d'enseignement (*Revue des Deux-Mondes*, 15 mai et 1er juin 1879).

60 158 **Lavisse** (E.). — La fondation de l'Université de Berlin (*Revue des Deux-Mondes*, 15 mai 1876).

60 158 **Leroy-Baulieu** (Paul). — La dette publique de la France (*Revue des Deux-Mondes*, 15 décembre 1874).

60 158 **Bailleux de Marisy.** — Mœurs financières de la France (*Revue des Deux-Mondes*, 15 novembre 1873).

60 158 **Bonnet** (Victor). — Le paiement de l'indemnité prussienne (*Revue des Deux-Mondes*, 1er juillet 1873).

60 158 **Lamy** (Etienne). — Les marines de guerre (*Revue des Deux-Mondes*, 15 septembre, 15 octobre, 15 novembre 1882).

60 158 **Clavé** (Jules). — La situation économique de l'Alsace (*Revue des Deux-Mondes*, 1er novembre 1882).

60 158 **Leroy-Beaulieu** (P.). — La colonisation de l'Algérie (*Revue des Deux-Mondes*, 15 octobre 1882).

Série D.

INDUSTRIE, COMMERCE, ARTS ET MÉTIERS.

(ÉTIQUETTES GRISES).

1   75 **Fabre** (H.). — L'Industrie (figures).
2   84 **Figuier**. — Les grandes Inventions modernes (figures).
3   118 **Du Barry de Merval**.—Etudes sur l'architecture égyptienne
4   123 **Lacroix** (E.). — Dictionnaire industriel (1er volume).
5   124   —   —   (2e volume).
6   167 **Morin**. — Bottier et cordonnier (avec figures).
7   168 **Fontenelle et Malepeyre**. — Boulanger, ou Traité de la
         panification française et étrangère, moyens de
         reconnaître la sophistication des farines (1er vo-
         lume, avec figures).
8   169   — Boulanger (2e volume, avec figures).
9   170 **Magnier**. — Chaufournier, plâtrier, carrier, contenant
         l'exploitation des carrières, la fabrication du
         plâtre, des différentes chaux, des ciments, mor-
         tiers, bétons (avec figures).
10 171 **Lebrun**. — Bourrelier et sellier (avec figures).
11 172   — Charcutier, boucher, équarrisseur, contenant l'art
         de conserver, de manier, de dépecer les viandes
         et d'utiliser les débris (avec figures).
12 173 **Divers**. — Charpentier, traité complet et simplifié de cet
         art (1er volume).
13 174   — Charpentier (2e volume).
14 175   —   —   (Atlas de 22 planches).
15 177 **Dubief et Malepeyre**. — Cidre et Poiré.
16 181 **Boitard**. — Cordier, contenant la culture des plantes
         textiles, l'extraction de la filasse et la fabrication
         (avec figures).
17 187 **Nosban et Maigne**. — Menuisier en bâtiments et layetier-
         emballeur, traitant des bois employés, de l'ou-
         tillage, du trait, de la construction des escaliers,
         du travail du bois, etc. (1er volume, avec figures).
18 188   — Menuisier, layetier-emballeur (2e vol., avec fig.)

19   189 **Boyard et Emion.** — Gardes champêtres, gardes fores-
tiers, gardes-chasse, etc.

20   190 **Divers.** — Peintre en bâtiments, vitrier, doreur, argen-
teur, etc. (avec figures).

21   191 **Désormeaux (P.).** — Serrurier (1er volume).

22   192   —   —   (Atlas de 16 planches).

23   193 **Divers.** — Tonnelier et boisselier, contenant la fabrication de tous les tonneaux cerclés, suivi du jau-
geage des fûts (avec figures et planches).

24   194 **Désormeaux** (P.). — Treillageur et menuisier des jardins
(avec planches).

25   319 **Gaumont.** — Inventions et découvertes.

26   334 **Brothier.** — Causeries sur la mécanique.

27   356 **Comité linier de Lille.** — Culture, rouissage et teillage
du lin.

28   445 **Souchay.** — Le Chiffon de laine.

29   664 **Lunel.** — De l'Epicerie.

60   158 **Radau.** — Les progrès de la fabrication du fer et de
l'acier (*Revue des Deux-Mondes,* 1er juin 1882).

60   158 **Müntz (Eug.).** — La peinture en mosaïque dans l'anti-
quité et au moyen âge (*Revue des Deux-Mondes,*
1er juillet 1882).

60   158 **Michel** (Em.). — Les Musées de Berlin (*Revue des Deux-
Mondes,* 15 janvier, 15 février, 1er mai 1882).

Série E.

HYGIÈNE, CONNAISSANCES UTILES

(ÉTIQUETTES ROSES).

1   74 **Fabre** (H.). — Aurore (figures).
2   76   — Le Ménage (figures).
3   77   — Le Livre d'histoires, récits scientifiques.
4   87 **Riant** (A.). — L'Alcool et le Tabac (figures).
5 101 **Charton** (Edouard). — Magasin pittoresque (figures).
6 119 **Rambosson.** — La Science populaire (1re année) (fig.).
7 120   —   — (2° année) —
8 121   —   — (3° année) —
9 122   —   — (4° année) —
10 152 **Rabot.** — Travaux du conseil central d'hygiène de Seine-
                et-Oise.
11 179 **Chaussier.** — Contre-poisons.
12 323 **Ysabeau.** — Hygiène de l'homme et des animaux do-
                mestiques.
13 335 **Turck.** — Médecine populaire.
14 337 **Cruveilhier.** — Eléments d'hygiène générale.
15 362 **Morin** (J.). — Manuel d'hygiène.
16 451 **Dirr.** — Guide pratique pour constater les falsifications
                du lait.
17 466 **Warnesson.** — Manuel de la rage (figures).
18 678 **Lacome** (P.). — La Musique en famille (figures).
19 681 **George.** — Leçons élémentaires d'hygiène.

Série F.

PÉDAGOGIE

(ÉTIQUETTES VIOLETTES).

1   68 **Bréal** (Michel). — Quelques mots sur l'instruction publique en France.
2   313 **Divers.** — Devoirs d'écoliers français (Exposition univ.).
3   313   —   Devoirs d'écoliers étrangers.   —
4   314   —   Travaux d'instituteurs français.   —
60   158 **Boissier** (Gaston). — La réforme des études au XVI° siècle (*Revue des Deux-Mondes*, 1er décembre 1882).

Série G.

LITTÉRATURE, THÉATRE, POÉSIE, CONTES, ROMANS, ŒUVRES DIVERSES.

(ÉTIQUETTES VERTES).

1   8 **Walter-Scott.** — La Fiancée de Lamermoor.
2   9   —   La Prison d'Edimbourg.
3   10   —   Les Puritains d'Écosse.
4   11   —   Quentin-Durward.
5   12   —   Ivanhoë.

255 545 **Walter-Scott.** — La jolie Fille de Perth.
256 546 — Charles le Téméraire.
6 13 **Erckmann-Chatrian.** — Le Joueur de clarinette (24 vig.).
7 14 — L'Ami Fritz (24 vignettes).
8 15 — Madame Thérèse (22 vignettes).
9 16 — Le Conscrit de 1813 (24 vignettes).
10 17 — L'Invasion (26 vignettes).
11 18 — Le Blocus (25 vignettes).
12 19 — Le Brigadier Frédéric (17 vignettes).
188 423 — Contes et romans alsaciens (gravures).
205 443 — Alsace (drame).
234 524 — Waterloo. — Conscrit de 1813 (suite) (30 vignettes).
235 525 — Les deux Frères (24 vignettes).
236 526 — Histoire d'un Paysan (1789-1815) (118 vignettes).
13 20 **Girardin.** — Les Braves gens (115 vignettes).
14 21 — Nous autres (182 vignettes).
239 529 — Récits de la vie réelle (11 vignettes).
240 530 — Chacun son idée (42 vignettes).
241 531 — Petits contes alsaciens (17 vignettes).
15 22 **Colomb.** — La Fille de Carilès (vignettes).
16 23 **Conscience.** — Scènes de la vie flamande (1er volume.)
17 24 — — (2o volume).
18 25 **Silvio-Pellico.** — Mes Prisons.
19 32 **Verne** (Jules). — Aventures du capitaine Hatteras (illust.).
20 33 — Cinq semaines en ballon (illustré).
21 34 — Les Enfants du capitaine Grant (illustré).
22 35 — Aventures de trois Russes et de trois Anglais (illustré).
23 36 — Le Tour du monde en 80 jours (illustré).
24 37 — Vingt mille lieues sous les mers (illustré).
25 38 — L'Ile mystérieuse (illustré).
26 39 — Michel Strogoff (illustré).
191 428 — Voyage de la terre à la lune et autour de la lune (illustré).
192 429 — Voyage au centre de la terre (illustré).
193 430 — Le Chancellor (illustré).
194 431 — La Ville flottante (illustré).
195 432 — Le docteur Ox (illustré).
196 433 — Les Indes-Noires (illustré).
197 434 — Le Pays des fourrures (illustré).
237 527 — Un Capitaine de quinze ans (1er volume).

65   199 **Molière.** — Le Médecin malgré lui, le Sicilien.
66   200   —   Amphitryon, l'Ecole des maris.
67   201   —   Don Juan, les Précieuses ridicules.
68   202   —   L'Etourdi, Sganarelle.
69   203   —   Le Misanthrope, les Femmes savantes.
70   204   —   L'Ecole des femmes, Critique de l'Ecole des femmes.
71   205   —   Le Tartufe, le Dépit amoureux.
72   207 **Rousseau (J.-J.).** — Les Confessions (1er volume).
73   208   —   —   (2e volume).
74   209   —   Emile (1er volume).
75   210   —   — (2e volume).
76   211   —   La Nouvelle Héloïse (1er volume).
77   212   —   —   (2e volume).
78   214 **Montesquieu.** — Lettres persanes.
79   216 **Lamennais.** — Le livre du peuple.
80   217   —   Du passé et de l'avenir du peuple.
81   220 **Bossuet.** — Oraisons funèbres.
82   221 **Le Sage.** — Turcaret, Crispin rival de son maître.
83   222   —   Le Diable boiteux.
84   223   —   Le Bachelier de Salamanque.
85   224   —   Gil Blas (1er volume).
86   225   —   Gil Blas (2e volume).
87   226 **Racine.** — Esther, Athalie.
88   227   —   Iphigénie en Aulide, Mithridate.
89   228   —   Phèdre, Britannicus.
90   229   —   Andromaque, les Plaideurs.
91   230 **Boileau.** — L'Art poétique, Epîtres, Odes, etc.
92   231   —   Satires, le Lutrin.
93   233 **Malherbe.** — Poésies.
94   234 **Longus.** — Daphnis et Chloé.
95   236 **Diderot.** — Romans et Contes.
96   237   —   Le Neveu de Rameau.
97   240 **Sedaine.** — Le Philosophe sans le savoir, la Gageure imprévue.
98   241 **Divers.** — Voyages amusants.
99   242 **Fontenelle.** — Histoire des oracles.
100   243 **Perrault.** — Contes (40 vignettes).
101   245 **Gresset.** —Vert-Vert, le Carême impromptu, le Méchant.
102   246 **Machiavel,** — Le Prince.
103   247 **Collin d'Harleville.** — Théâtre.
104   248 **Florian.** — Fables.

146 371 **Brillat-Savarin.** — Physiologie du goût (tome 1er).
147 372   —   —   (tome 2o).
148 373 **Boissonnas (Mme).** — Un vaincu.
149 382   —   Une Famille pendant la guerre.
150 383 **Lemaire.** — Le petit Anacharsis.
151 385 **Mayne-Reid.** — Le désert d'eau dans la forêt (4 vign.).
152 386 **Lython.** — Pisistrate Caxton (tome 1er).
153 387   —   —   (tome 2o).
154 388 **Dumas (Alexandre).** — Les trois Mousquetaires (t. 1er).
155 389   —   —   (t. 2e).
156 390   —   Le vicomte de Bragelonne (t. 1er).
157 391   —   —   (t. 2e).
158 392   —   —   (t. 3e).
159 393   —   —   (t. 4o).
160 394   —   —   (t. 5o).
161 395   —   —   (t. 6e).
164 399   —   Vingt ans après (tome 1er).
165 400   —   —   (tome 2o).
166 401   —   —   (tome 3o).
167 402   —   Le chevalier d'Armental (t. 1er).
168 403   —   —   (t. 2o).
169 404   —   La dame de Monsoreau (tome 1er).
170 405   —   —   (tome 2o).
171 406   —   —   (tome 3o).
172 407   —   La reine Margot (tome 1er).
173 408   —   —   (tome 2o).
174 409   —   Le chevalier de Maison-Rouge (t. 1er).
175 410   —   —   (t. 2o).
176 411   —   Le comte de Monte-Cristo (tome 1er).
177 412   —   —   (tome 2o).
178 413   —   —   (tome 3o).
179 414   —   —   (tome 4e).
180 415   —   —   (tome 5e).
181 416   —   —   (tome 6e).
199 437   —   Le capitaine Aréna.
222 512   —   Le capitaine Pamphile.
162 396 **Conscience.** — Le Fléau du village.
163 397 **Lamartine.** — Geneviève.
182 417 **Sand (G.).** — L'Homme de neige (tome 1er).
183 418   —   —   (tome 2o).
184 419   —   —   (tome 3e).

185 420 **Sand** (G.) — Les beaux Messieurs de Bois-Doré (t. 1^{or}).
186 421 —   —   (t. 2e).
221 511 — La Mare au diable.
187 422 **Mayne-Reid.** — Sœur perdue (gravures).
189 424 **Stahl.** — Histoire d'un âne et de deux jeunes filles (gr.).
190 425 — Patins d'argent (grav.).
198 435 **Tilleuls** (des). — La petite Boudeuse (illustré).
200 438 **Reybaud.** — Jérôme Paturot.
201 439 **Mayne-Reid.** — Les Naufragés de l'île de Bornéo (4 vig.).
202 440 **Manuel** (E.). — Les Ouvriers (théâtre).
203 441 **Halévy.** — L'abbé Constantin.
204 442 **Lamartine.** — Nouvelles Confidences, Geneviève.
206 444 **About** (Edm.). — Le Roi des montagnes.
207 446 **Vattier.** — Le Bouquet de lin.
208 447 — Six orphelins.
209 448 — La Vie en plein air.
210 454 **Gozlan.** — Les Martyrs inconnus.
211 455 **Augier** (Emile). — (Théâtre), l'Aventurière, le Fils de Gi-
          boyer, les Lionnes pauvres.
212 456 **Anonyme.** — Anthologie des poètes français.
213 461 **Lamartine.** — Cours familier de littérature (14 fasci-
          cules, 16 entretiens).
214 468 **Parnajon.** — Histoire de la littérature française.
215 472 **Chateaubriand.** — Œuvres (10 volumes).
216 495 **Lévy.** — La légende des mois (vignettes).
217 502 **Ponsard.** — L'Honneur et l'Argent.
218 508 **Calemard de la Fayette.** — Peau-de-bique, ou la Prime
          d'honneur.
219 509 **Vimont.** — Histoire d'un navire (figures).
200 510 **Mérimée.** — Colomba.
223 513 **Souvestre** (Em.). — Un Philosophe sous les toits.
224 514 — Confessions d'un ouvrier.
225 515 — Le Mémorial de famille.
226 516 — Au coin du feu.
227 517 — Sous la tonnelle.
228 518 — Les Soirées de Meudon.
229 519 **Ferry** (G.). — Le Coureur des bois (1^{or} volume).
230 520 —   —   (2e volume).
231 521 **Lefebvre de Laboulaye.** — Paris en Amérique.
232 522 **Karr** (A.). — Rose et Jean Duchemin.
233 523 **About** (E.). — Maître Pierre.

242 532 **France (A.).** — Le Crime de Sylvestre Bonnard.
243 533 **Colomb (Mme).** — Le Violoneux de la Sapinière (85 vig.).
244 534 **Varigny.** — Ella Wilson.
245 535 **Stahl.** — Les quatre Peurs de notre général.
246 536 **Daudet (A.).** — Le petit Chose.
247 537 — Lettres de mon moulin.
248 538 **Biart.** — Aventures d'un jeune naturaliste.
249 539 **André Theuriet.** — Les enchantements de la forêt (vig.).
250 540 **Vèze (de).** — La Fille du braconnier (vignettes).
251 541 **Topffer.** — Rosa et Gertrude.
252 542 **Gotthelf.** — Au village. — Nouvelles suisses.
253 543 **Foë (de).** — Robinson Crusoé (40 vignettes).
254 544 **Swift.** — Voyages de Gulliver (57 vignettes).
257 547 **Dickens (Ch.).** — Contes de Noël.
258 548 — Nicolas Nickleby (1er volume).
259 549 —   —   (2° volume).
260 550 **Cooper.** — Le Dernier des Mohicans.
261 551 — Les Pionniers.
262 552 — La Prairie.
263 553 — L'Espion.
264 554 — Le Corsaire rouge.
265 555 — Le Pilote.
266 556 **Miss Cummins.** — L'Allumeur de réverbères.
267 557 **Gerstacker.** — Aventures d'une colonie d'émigrants en
                Amérique.
268 558 **Bremer.** — Les Voisins.
269 559 **Gogol.** — Tarass Boulba.
270 560 **Pouschkine.** — La Fille du capitaine.
271 561 **Manzoni.** — Les Fiancés (1er volume).
272 562 —   —   (2e volume).
273 563 **Florian.** — Fables (gravures).
274 603 **Vallery-Radot.** — Journal d'un volontaire d'un an.
275 607 **About (E.).** — Alsace (1871-1872).
276 609 **Galland.** — Les Mille et une Nuits (122 vignettes).
277 610 —   —
278 611 **Augier (E.).** — La Jeunesse (comédie).
279 612 — Gabrielle   —
280 613 — Le Gendre de Monsieur Poirier (com.).
281 614 **Feuillet (O.)** — Le Village (comédie).
282 615 **Hugo (V.).** — Théâtre (1er volume), Cromwell.

283 616 **Hugo** (V.). — Théâtre (2º volume) Hernani. — Marion
                                Delorme. — Le Roi s'amuse.
284 617 —   — (3º volume) Lucrèce Borgia. —
                                Marie Tudor. — Angelo.
285 618 —   — (4ᵉ volume) Esmeralda. — Ruy-
                                Blas. — Les Burgraves.
286 619 **Deroulède** (P.). — Marches et sonneries.
 57 154 —   Chants du soldat.
 58 155 —   Nouveaux chants du soldat.
287 620 **La Fontaine.** — Fables illustrées.
288 621 **Charton.** — Lectures de famille (255 vignettes).
289 649 **Cornisset.** — Fables.
290 651 **Cortambert.** — Quelques fables.
291 652 **De Montesquiou.** — Un crime (drame).
292 653 —   Myrra (traduction), tragédie.
293 654 —   Monsieur de Fargues (drame).
294 655 —   Les Semblables (comédie).
295 656 **Rozan** (Ch.). — Le Jeune Homme.
296 657 **Pougin.** — Albert Grisar.
297 663 **Bonnassies.** — Histoire administrative de la Comédie-
                                Française.
298 670 **De Montesquiou.** — Poésies (traduction).
299 671 —   Chants divers (1ᵉʳ volume).
300 672 —   — (2º volume).
301 673 **Saillet.** — Mémoires d'un centenaire.
302 674 **André** (Ch.). — Ecrin de paraboles.
303 676 **De Montesquiou.** — Moïse (poëme) (1ᵉʳ volume).
304 677 —   — (2º volume).
305 680 **Divers.** — Le *Journal de la jeunesse* (1ᵉʳ semestre de 1879,
                                illustré).
306 682 —   (2º semestre de 1879, illustré).
307 684 **A. J.** — Le véritable Sancho Panza.
308 685 **Florian.** — Choix de fables.
309 687 **Assolant.** — Montluc le Rouge (gravure).
310 692 **Divers.** — Romans du jour illustrés.
 60 158 **Coppée** (F.). — La Marchande de journaux (*Revue des
                                Deux-Mondes*, 1ᵉʳ novembre 1879).
 60 158 **Lemoyne** (André). — Poésie (*R. des D.-M.*, 15 juin 1879).
 60 158 **Coppée** (François). — Les Parias (légende) (*R. des D.-M.*,
                                1ᵉʳ février 1878).
 60 158 —   Le Naufragé (*R. des D.-M.*, 15 janvier 1878).

60 158 **Coppée.**—La Tête de la Sultane (*R. des D.-M.*, 15 déc. 1877).

60 158   — Le Liseron (*R. des D.-M.*, 15 octobre 1877).

60 158 **Delpit** (A.).—Le Laboureur (*R. des D.-M.*, 15 juin 1877).

60 158 **Normand** (Jacques). — Poésie. — A la mer (*R. des D.-M.*, 15 juillet 1882).

60 158 **Pailleron** (Edouard). — Le chevalier Trumeau (*R. des D.-M.*, 1er novembre 1880).

60 158 **Delpit** (Albert). — Poésie (*R. des D.-M.*, 1er avril 1877).

60 158 **Theuriet** (A.).—Poésies (*R. des D.-M.*, 15 décembre 1876).

60 158   — Poésies de la vie réelle (*R. des D.-M.*, 15 déc. 1873).

60 158 **Coppée** (François). — L'enfant de la balle (*R. des D.-M.*, 15 septembre 1880).

60 158 **Normand** (J.). — La Gervaise (*R. des D.-M.*, 15 avril 1881).

60 158 **Delpit** (Albert). — Poésies de guerre (*R. des D.-M.*, 1er janvier 1871).

60 158 **Uchard** (Mario). — Inès Parker (*R. des D.-M.*, 1er mai, 15 mai, 1er juin, 15 juin 1880).

60 158 **Theuriet** (André). — La Princesse Verte (*R. des D.-M.*, 1er et 15 avril 1880).

60 158 **Vautier** (Georges). — Le Remords du docteur (*R. des D.-M.*, 1er et 15 avril 1880).

60 158 **Rivière** (Henri). — La marquise de Ferlon (*R. des D.-M.*, 1er et 15 mars 1880).

60 158 **Cantacuzène-Altiéri** (Mme). — Poverina (*R. des D.-M.*, 15 janvier et 15 février 1880).

60 158 **Delpit** (Albert). — Le mariage d'Odette (*R. des D.-M.*, 1er et 15 décembre 1879 et 1er janvier 1880).

60 158 **Theuriet** (A.).—Un Miracle (*R. des D.-M.*, 1er janvier 1880).

60 158 **Cherbuliez** (Victor). — Les inconséquences de M. Drommel (*R. des D.-M.*, 15 décembre 1879).

60 158 **Ouida.** — Umilta. — Conte de Noël (*R. des D.-M.*, 15 décembre 1879).

60 158 **Bentzon** (Th.). — Georgette (*R. des D.-M.*, 1er et 15 octobre, 1er et 15 novembre 1879).

60 158 **Theuriet** (André). — Souvenirs d'une plage bretonne (*R. des D.-M.*, 15 novembre 1879).

60 158 **Cherbuliez** (Victor). — Le roi Apépi (*R. des D.-M.*, 1er et 15 septembre 1879).

60 158 **Laurence.** — (*R. des D.-M.*, 15 septembre 1879).

60 158 **Vilbort.** — Yosmino (*R. des D.-M.*, 15 août 1879).

60 158 **Kavanagh** (Julia). — Ma cousine Jane (*R. des D.-M.*, 15 août 1879).

60 158 **Cherbuliez** (Victor). — Le bel Edwards (*R. des D.-M.*, 1ᵉʳ août 1879).

60 158 **Vincent** (Jacques). — Le Retour de la princesse (*R. des D.-M.*, 15 juin, 1ᵉʳ juillet et 15 juillet 1879).

60 158 **Theuriet** (André). — Le fils Maugars (*R. des D.-M.*, 15 avril, 1ᵉʳ et 15 mai et 1ᵉʳ juin 1879).

60 158 **Vautiér** (Georges). — La Marraine (*R. des D.-M.*, 15 mars et 1ᵉʳ avril 1879).

60 158 **Monnier** (Marc). — Miss Ouragan (*R. des D.-M.*, 15 mars 1879).

60 158 **Vincent** (Jacques). — Misé Féréol (*R. des D.-M.*, 15 août et 1ᵉʳ septembre 1880).

— Mon grand-père Vauthret (*R. des D.-M.*, 15 août 1880).

60 158 **Cantacuzène-Altiéri** (Mᵐᵉ). — Le Mensonge de Sabine (*R. des D.-M.*, 1ᵉʳ et 15 juillet et 1ᵉʳ août 1880).

60 158 **Ebelot** (Alfred). — André Cozaux l'Indien (*R. des D.-M.*, 15 juillet et 1ᵉʳ août 1880).

60 158 **Peyrebrune** (Georges de). — Jean Bernard (*R. des D.-M.*, 1ᵉʳ et 15 septembre et 1ᵉʳ octobre 1882).

60 158 **Daubige** (Ch.). — La Mozabite (*R. des D.-M.*, 1ᵉʳ octobre 1882).

60 158 **Valbert** (G.). — Grandeur et décadence d'Ali-Kourschid-Bey (*R. des D.-M.*, 1ᵉʳ septembre 1882).

60 158 **Vautier** (Georges). — La Fortune du cousin Jérôme (*R. des D.-M.*, 15 août 1882).

60 158 **Tolstoï** (Léon). — Trois morts (*R. des D.-M.*, 15 août 1882).

60 158 *** Marthe de Thiennes (*R. des D.-M.*, 15 juillet et 1ᵉʳ août 1882).

60 158 **Peyrebrune** (G. de). — Marco (*R. des D.-M.*, 1ᵉʳ et 15 août, 1ᵉʳ et 15 septembre, 1ᵉʳ octobre 1881).

60 158 **Aïdé** (Hamilton). — Un poète du grand monde (*R. des D.-M.*, 2ᵉ partie, 1ᵉʳ et 15 septembre 1881).

60 158 **Delpit** (Albert). — Bonald et Misette (*R. des D.-M.*, 1ᵉʳ octobre 1881).

60 158 **Theuriet** (André). — Rose-Lise (*R. des D.-M.*, 15 octobre 1881).

60 158 **Monnier** (Marc). — Gian et Hans (*R. des D.-M.*, 1ᵉʳ et 15 novembre 1881).

60 158 **Vincent** (Jacques). — Le Cousin Noël (*R. des D.-M.*, 1ᵉʳ et 15 décembre 1881, et 1ᵉʳ janvier 1882).

60   158 **Lamiraudie** (C. de). Manarph (*R. des D.-M.*, 1er juin 1882).

60   158 **Peyrebrune** (G. de). — L'Epingle d'or (*R. des D.-M.*,
                1er juillet 1882).

60   158 **Rousselane** (V.). — Le Mari de Prascovia (15 juin 1882).

60   158 **Delpit** (Albert). — La Marquise (*R. des D.-M.*, 1er et
                15 avril, 1er et 15 mai 1882).

60   158 **Putlitz** (G. de). — La Maison de la demoiselle (*R. des
                D.-M.*, 15 mars et 1er avril 1882).

60   158 **Marcel** (Jean). — Jacques Donné (*R. des D.-M.*, 1er mars
                1882).

60   158 **Rivière** (Henri).—La marquise d'Argantini (*R. des D.-M.*,
                15 février 1882).

60   158 **Halévy** (Ludovic). — L'abbé Constantin (*R. des D.-M.*,
                1er et 15 janvier 1882).

60   158 **Daudet** (Ernest). — Madame Robernier (*R. des D.-M.*,
                15 février et 1er mars 1879).

60   158 **Delpit** (Albert). — Le fils de Coralie (*R. des D.-M.*, 1er et
                15 janvier, et 1er février 1879).

60   158 **Rhodes** (Albert). — Un Voyage sur les bords du Jour-
                dain (*R. des D.-M.*, 15 janvier 1879).

60   158 **Varigny** (C. de). — Les Ruines d'Uschral (*R. des D.-M.*,
                1er et 15 décembre 1878).

60   158 **James** (Henri). — Quatre rencontres (*R. des D.-M.*, 15 dé-
                cembre 1878).

60   158 **Bentzon** (Th.). — L'Obstacle (*R. des D.-M.*, 15 octobre,
                1er et 15 novembre 1878).

60   158 **Ouida.**—La Renommée (*R. des D.-M.*, 15 novembre 1878).

60   158 **Uchard** (Mario). — L'Etoile de Jean (*R. des D.-M.*,
                15 août, 1er et 15 septembre et 1er octobre 1878).

60   158 **Bentzon** (Th.). — L'Histoire d'une mine (*R. des D.-M.*,
                15 août 1878).

60   158 **Feuillet** (Octave). — Le Journal d'une femme (*R. des
                D.-M.*, 15 juillet et 1er août 1878).

60   158 **Cherbuliez** (Victor).—L'Idée de Jean Téterol (*R. des D.-M.*)

60   158 **Fabre** (Ferdinand). — Le Roman d'un peintre (*R. des
                D.-M.*, 15 mai, 1er et 15 juin, et 1er juillet 1878).

60   158 **Theuriet** (André).—La Maison des deux Barbeaux (*R. des
                D.-M.*, 15 avril et 1er mai 1878).

60   158 **Bentzon** (Th.), — Un remords (*R. des D.-M.*, 15 février,
                1er et 15 mars, et 1er avril 1878).

60   158 **Aldrich.** — La Reine de Saba (*R. des D.-M.*, 1er et
                15 avril 1878).

60 158 **Varigny** (C. de). — Ella Wilson (*R. des D.-M.,* 15 janvier
et 1ᵉʳ février 1878).

60 158 **Ouida.** — Le Plat de noces (*R. des D.-M.,* 15 janvier 1878).

60 158 **Reynaud** (Louis). — Clarisse (*R. des D.-M.,* 15 décembre
1877 et 1ᵉʳ janvier 1878).

60 158 **Vautier** (G.). — Histoire d'un petit vieux, André Maubert
(*R. des D.-M.,* 1ᵉʳ décembre 1877).

60 158 **Theuriet** (A.). — Le Filleul d'un marquis (*R. des D.-M.,*
1ᵉʳ octobre, 15 octobre, 1ᵉʳ et 15 novembre 1877).

60 158 **Monnier** (Marc). — Carmèle (*R. des D.-M.,* 15 septembre
1877).

60 158 — Jacques de Trévannes (*R. des D.-M.,* 15 août, 1ᵉʳ et
15 septembre 1877).

60 158 **Feuillet** (Octave). — Les Amours de Philippe (*R. des
D.-M.,* 1ᵉʳ et 15 juillet et 1ᵉʳ août 1877).

60 158 **Vautier** (G.). — Le Mari de Suzanne (*R. des D.-M.,*
15 juin 1877).

60 158 **Varigny** (C. de).—Parley Pratt (*R. des D.-M.,* 15 juin 1877).

60 158 **Bentzon** (Th.). — Désirée Turpin (*R. des D.-M.,* 15 mai
et 1ᵉʳ juin 1877).

60 158 **Varigny** (C. de). — Kiana (*R. des D.-M.,* 1ᵉʳ mai 1877).
— Vilma (*R. des D.-M.,* 15 avril 1877).

60 158 **Cherbuliez** (Victor). — Samuel Brohl et compagnie
(*R. des D.-M.,* 1ᵉʳ et 15 février, 1ᵉʳ et 15 mars, et
1ᵉʳ avril 1877).

60 158 **Richepin** (Jean). — Sœur Doctrouvé (*R. des D.-M.,*
15 mars 1877).

60 158 **Delpit** (Albert). — Roberte de Bramafam (*R. des D.-M.,*
15 janvier 1877).

60 158 **Daudet** (Ernest). — La baronne Amalte (*R. des D.-M.,*
1ᵉʳ janvier 1877).

60 158 **Collas** (Louis). — Le Juge de paix (*R. des D.-M.,* 1ᵉʳ décembre 1876).

60 158 **Monnier** (Marc). — Donna Grazia (*R. des D.-M.,* 15 octobre 1876).

60 158 **Bentzon** (Th.). — Le Roman de mœurs en Angleterre.
(*R. des D.-M.,* 15 octobre 1876).

60 158 **James** (Henri). — Cousin et cousine (*R. des D.-M.,* 1ᵉʳ octobre 1876).

60 158 **Uchard** (Mario). — Mon oncle Barbassou (*R. des D.-M.,*
1ᵉʳ et 15 août, 1ᵉʳ et 15 septembre 1876).

60   158 **Bentzon** (Th.). — Les Aventures d'un pionnier américain (*R. des D.-M.*, 1er septembre 1876).

60   158 **Gréville** (Henri). — L'Expiation de Savèli (*R. des D.-M.*,
1er et 15 juillet 1876).

60   158 **Bentzon** (Th.). — La grande Saulière (*R. des D.-M.*, 1er et
15 juin 1876).

60   158 **Theuriet** (André). — Raymonde (*R. des D.-M.*, 15 avril,
1er et 15 mai 1876).

60   158 **James** (Henri). — La Madone de l'avenir (*R. des D.-M.*,
1er avril 1876).

60   158 **Cherbuliez** (Victor). — Le Fiancé de Mlle Saint-Maur
(*R. des D.-M.*, 15 janvier, 1er et 15 février et
1er mars 1876).

60   158 **Bret-Harte.** — La Rose de Tuolumne (*R. des D.-M.*,
1er mars 1876).

60   158   — Episode de la vie d'un joueur (*R. des D.-M.*, 15 janvier 1876).

60   158 **Sand** (Georges). — La Tour de Percemont (*R. des D.-M.*,
1er et 15 décembre 1875, et 1er janvier 1876).

60   158 **James** (Henri). — Le premier amour d'Eugène Pickering
(*R. des D.-M.*, 1er janvier 1876).

60   158   — Le Dernier des Valérius (*R. des D.-M.*, 15 novembre
1875).

60   158 **Sand** (Georges). — Contes d'une grand'mère (*R. des
D.-M.*, 1er novembre 1875).

60   158 **Rivière** (Henri). — Edmée de Nerteuil (*R. des D.-M.*,
15 octobre 1875).

60   158 **Sand** (Georges). — Contes d'une grand'mère. — Le
Chêne parlant (*R. des D.-M.*, 15 octobre 1875).

60   158 **Feuillet** (Octave). — Un mariage dans le monde (*R. des
D.-M.*, 1er et 15 septembre et 1er octobre 1875).

60   158 **Sand** (Georges). — Marianne (*R. des D.-M.*, 1er et 15 août
1875).

60   158 **Musset** (Paul de). — Les Dents d'un Turco (*R. des D.-M.*,
1er août 1875).

60   158 **Réville** (Albert). — Le Major Frans (*R. des D.-M.*, 15 juin,
1er juillet et 15 juillet 1875).

60   158 **Theuriet** (André). — La Fortune d'Angèle (*R. des D.-M.*,
1er et 15 juin, et 1er et 15 juillet 1875).

60   158 **Achard** (Amédée). — Le Livre-Serrure (*R. des D.-M.*,
15 mai 1875).

60   158 **Sacher-Masoch.** — Le Mariage de Valérien Kochanski
(*R. des D.-M.*, 15 mai 1875).

60   158 **Sand** (Georges). — Flamarande (*R. des D.-M.*, 1er et
15 mars, 1er et 15 avril et 1er mai 1875).

60   158 **Bret-Harte.** — Scènes de la vie californienne (*R. des
D.-M.*, 1er avril 1875).

60   158 **Cherbuliez** (Victor). — Miss Rovel (*R. des D.-M.*, 15 novembre, 1er et 15 décembre 1874, 1er et 15 janvier 1875).

60   158 **Mazade** (C. de). — Un Roman au xviiie siècle (*R. des
D.-M.*, 15 décembre 1874).

60   158 **Boissier** (Gaston). — Un Roman de mœurs sous Néron
(*R. des D.-M.*, 15 novembre 1874).

60   158 **Rivière** (Henri). — Flavien (*R. des D.-M.*, 1er nov. 1874).

60   158 **Theuriet** (André). — L'Automne dans les bois (*R. des
D.-M.*, 1er octobre 1874).

60   158 **Musset** (P. de). — Histoire d'un diamant (*R. des D.-M.*,
1er septembre 1874).

60   158 **Fistié** (Camille). — Le Fifre du 15e léger (*R. des D.-M.*,
15 août 1874).

60   158 **Jacquemont** (Comte). — El-Matarife (*R. des D.-M.*, 1er août
1874).

60   158 **Bentzon** (Th.). — Maxime (*R. des D.-M.*, 15 juillet 1874).

60   158 **Bourget** (Paul). — Céline Lacoste (*R. des D.-M.*, 15 avril
1874).

60   158 **Bentzon** (Th.). — Le Roman de sport en Angleterre
(*R. des D.-M.*, 15 mai 1874).

60   158 **Bailey-Aldrich** (Th.). — Prudence Palfrey (*R. des D.-M.*,
15 juin et 1er juillet 1874).

60   158 **Theuriet** (André). — Le Mariage de Gérard (*R. des D.-M.*,
1er et 15 mai, et 1er juin 1874).

60   158 **Bentzon** (Th.). — Le Violon de Job (*R. des D.-M.*, 1er avril
1874).

60   158 **Ouida.** — Deux petits Sabots (*R. des D.-M.*, 15 mars 1874).

60   158 **Sand** (Georges). — Ma Sœur Jeanne (*R. des D.-M.*, 1er et
15 janvier, 1er et 15 février et 1er mars 1874).

60   158 **Bret-Harte.** — Carrie (*R. des D.-M.*, 15 décembre 1873).

60   158 **Theuriet** (André). — Mademoiselle Guignon (*R. des D.-M.*,
1er et 15 novembre, et 1er décembre 1873).

60   158 **Mérimée** (Prosper). — Lettres à une inconnue (1841-1870)
(*R. des D.-M.*, 1er décembre 1873).

60   158 **Ouida.** — Deux récits de littérature anglaise (*R. des D.-M.*, 15 octobre 1873).

60   158 **Rivière** (Henri). — Un dernier succès (*R. des D.-M.*, 1er octobre 1873).

60   158 **Biart** (Lucien). — L'eau dormante (*R. des D.-M.*, 15 septembre 1873).

60   158 **Réville** (Albert). — Un Roman philosophique en Allemagne (*R. des D.-M.*, 15 septembre 1873).

60   158 **Ouida.** — La Branche de lilas (*R. des D.-M.*, 1er septembre 1873).

60   158 **Sacher-Masoch.** — La Barina Olgo (*R. des D.-M.*, 15 août 1873).

60   158 **Biart** (Lucien). — Silvéria (*R. des D.-M.*, 1er août 1873).

60   158 **Rambaud** (Alfred). — Légende de Pierre le Grand (*R. des D.-M.*, 1er août 1873).

60   158 **Rivière** (Henri). — Le Châtiment (*R. des D.-M.*, 15 juillet 1873).

60   158 **Anonyme.** — Le Chagrin de tante Marguerite. — Littérature anglaise (*R. des D.-M.*, 15 juin 1873).

60   158 **Aldrich** (T.-B.). — Marjorie Daw (*R. des D.-M.*, 1er juin 1873).

60   158 **Cynaud** (Albert). — La Maison du Bey (*R. des D.-M.*, 15 mai 1873).

60   158 **Biart** (Lucien). — Ce que femme peut (*R. des D.-M.*, 1er mai 1873).

60   158 **Sand** (Georges). — Le géant Jéous (*R. des D.-M.*, 15 avril 1873).

60   158 **Sandeau** (Jules). — Jean de Thommeray (*R. des D.-M.*, 1er avril 1873).

60   158 **Theuriet** (A.). — L'Ondine (*R. des D.-M.*, 15 mars 1873).

60   158 **Rivière** (Henri). — Philippe (*R. des D.-M.*, 1er mars 1873).

00   158 **Cherbuliez** (Victor). — Meta Holdenis (*R. des D.-M.*, 1er et 15 janvier, 1er et 15 février 1873).

60   158 **Bret-Harte.** — Les Maris de madame Skaggs (*R. des D.-M.*, 15 février 1873).

60   158 **Sacher-Masoch.** — Marcella (*R. des D.-M.*, 1er janvier 1873).

60   158 **Eliot** (Georges). — Le Voile soulevé (*R. des D.-M.*, 15 septembre 1880).

60   158 **Erckmann-Chatrian.** — Les Vieux de la vieille (*R. des D.-M.*, 1er et 15 octobre et 1er novembre 1880).

60 158 **Cherbuliez** (Victor). — Noirs et Rouges (*R. des D.-M.*, 15 novembre, 1er et 15 décembre 1880, 1er et 15 janvier 1881).

60 158 **Theuriet** (André). — L'Ecureuil (*R. des D.-M.*, 15 novembre 1880).

60 158 **Delpit** (Albert). — Le livre du commandant (*R. des D.-M.*, 15 décembre 1880).

60 158 **Sand** (Georges). — Correspondance (*R. des D.-M.*, 1er et 15 janvier 1881).

60 158 **Bentzon** (Th.). — Le veuvage d'Aline (*R. des D.-M.*, 1er et 15 février, 1er et 15 mars 1881).

60 158 **Feuillet** (Octave). — Histoire d'une Parisienne (*R. des D.-M.*, 1er et 15 avril 1881).

60 158 **Renan** (E.). — Une Idylle monacale au xiiie siècle (*R. des D.-M.*, 15 mai 1880).

60 158 **Mazade** (C. de). — Le Fondateur de la *Revue des Deux-Mondes* (1er juin 1877).

60 158 **Madelène** (H. de la). — Silex, scènes de la vie dévote dans le Comtat (*R. des D.-M.*, 1er juillet 1873).

60 158 **Ducamp** (Maxime). — Souvenirs littéraires. — Gustave Flaubert. — Voyage en Orient. — L'Académie de France à Rome. — La tentation de saint Antoine. — Lui et Elle. — Au Caire. — Cormenin, etc., etc. (*R. des D.-M.*, 1er juin, juillet, août, septembre, octobre, novembre, décembre 1881, — 15 janvier, avril, mai, juin, juillet, août, septembre, octobre 1882).

60 158 **Valbert** (G.). — Robinson Crusoé et la littérature électorale. Rôle politique de de Foë (*R. des D.-M.*, 1er septembre 1881).

60 158 **Bourdeau** (J.). — Les Romans d'éducation nationale en Allemagne, de Gustave Freytag (*R. des D.-M.*, 1er septembre 1881).

60 158 **Vogué** (Melchior de). — Mazeppa, la légende et l'histoire (*R. des D.-M.*, 15 novembre 1881).

60 158 **Montégut** (E.). — Esquisses littéraires : Charles Nodier, les Années de jeunesse (*R. des D.-M.*, 1er et 15 juin 1882).

60 158 **Bourdeau** (J.). — Les Historiens de l'Allemagne (*R. des D.-M.*, 1er juillet 1882).

60 158 **Monnier** (Marc). — Manzoni, sa Vie, ses Œuvres (*R. des D.-M.*, 15 juillet 1873).

60 158 **Girard** (Jules). — La Pastorale dans Théocrite. — Les Légendes (*R. des D.-M.*, 15 mars, 1er mai 1882).

60 158 **Blaze de Bury.** — A propos de *la Religieuse* de Schubert et de Diderot (*R. des D.-M.*, 15 mars 1882).

60 158 **Theuriet** (André). — Paysages et impressions (*R. des D.-M.*, 15 janvier 1881).

60 158 **Montégut** (Emile). — Alfred de Musset (*R. des D.-M.*, 1er mai et 15 juin 1881).

60 158 **Anonyme**. — Expiation (*R. des D.-M.*, 1er mai 1881).

60 158 **Theuriet** (André). — Sauvageonne (*R. des D.-M.*, 15 mai, 1er et 15 juin et 1er juillet 1881).

60 158 **Constant** (P.-H.). — Mach (*R. des D.-M.*, 15 mai 1881).

60 158 **Delpit** (Albert). — La Lettre (*R. des D.-M.*, 1er juin 1881).

60 158 **Gennevraye** (A.). — L'Ombre (*R. des D.-M.*, 15 juillet et 1er août 1881).

60 158 **Sand** (Georges). — Les Ailes du courage (*R. des D.-M.*, 15 décembre 1872).

60 158 **Biart** (Lucien). — Dona Evarnia (*R. des D.-M.*, 1er décembre 1872).

60 158 **Madeléne** (Henri de la). — Jean des Baumes (*R. des D.-M.*, 15 octobre 1872).

60 158 **Arvède-Barine.** — La Reine du régiment, roman anglais (*R. des D.-M.*, 15 septembre 1872).

60 158 **Sand** (Georges). — Le Nuage rose (conte fantastique) (*R. des D.-M.*, 1er août 1872).

60 158 **Rivière** (H.). — La Faute du mari (*R. des D.-M.*, 1er et 15 juillet 1872).

60 158 **Bentzon** (Th.). — Roman américain (ma femme et moi) (*R. des D.-M.*, 1er avril 1872).

60 158 **Anonyme**. — Natacha de V. (*R. des D.-M.*, 1er avril 1872).

60 158 **Feuillet** (Octave). — Juliette de Trécœur (*R. des D.-M.*, 1er mars 1872).

60 158 **Anonyme**. — La recherche de l'Inconnue (*R. des D.-M.*, 1er février 1872).

60 158   — La vocation de Louise (*R. des D.-M.*, 1er janv. 1872).

60 158   — Une Histoire vraie (*R. des D.-M.*, 15 décembre 1871).

60 158 **Achard** (Amédée). — L'Alerte (récit de l'invasion) (*R. des D.-M.*, 1er décembre 1871).

60   158 **Rivière** (Henri). — Madame Herbin (*R. des D.-M.*, 15 octobre 1871).

60   158 **Cherbuliez** (Victor). — La Revanche de Joseph Naciel
(*R. des D.-M.*, 15 juillet, 1er et 15 août, 1er et 15
septembre et 1er octobre 1871).

60   158 **Sand** (G.). — Francia (*R. des D.-M.*, 1er mai, 15 mai,
1er juin 1871).

60   158 **Achard** (Amédée). — Les Rêves de Gilberte (*R. des D.-M.*,
15 avril 1871).

60   158 **Erckmann-Chatrian.** — Les Papiers de madame Jean-
nette (*R. des D.-M.*, 15 octobre 1870).

60   158 **Sand** (G.). — Césarine Dietrich (*R. des D.-M.*, 15 août,
1er et 15 septembre et 1er octobre 1870).

60   158 **Girardin** (Jules). — Le Fiancé de Lenora (*R. des D.-M.*,
15 juillet 1870).

60   158 **Colomb** (C.). — Le Roman de mademoiselle Rénée (*R. des
D.-M.*, 1er juillet 1870).

60   158 **Rivière** (Henri). — Les Hallucinations de monsieur Mar-
gerie (*R. des D.-M.*, 1er avril 1870).

60   158 **Sand** (G.). — Malgré tout (*R. des D.-M.*, 1er et 15 février,
1er et 15 mars 1870).

60   158 **Achard** (Amédée). — Le Mari de Delphine (*R. des D.-M.*,
15 décembre 1869 et 1er janvier 1870).

60   158 **Forgues.** — Comment femme pardonne (*R. des D.-M.*,
15 décembre 1869).

60   158 **Cherbuliez** (Victor). — La Ferme du Choquard (*R. des
D.-M.*, 1er décembre 1882).

60   158 **Anstey** (F.). — Le Caniche noir (*R. des D.-M.*, 15 décembre 1882).

60   158 **Rabusson** (H.-J.). — Dans le monde (*R. des D.-M.*, 15 octobre, 1er et 15 novembre 1882).

60   158 **Theuriet** (André). — Poésie : le Dernier baiser (*R. des
D.-M.*, 1er novembre 1882).

Série H.

SCIENCES MATHÉMATIQUES, PHYSIQUES, NATURELLES ; ASTRONOMIE.

(ÉTIQUETTES ORANGES).

1   99 **Tissandier** (G.). — La Nature *(Revue des Sciences)*. 1er se-
        mestre 1878, illustré.
2   100   —   La Nature *(Revue des Sciences)*. 2e semestre 1878,
        illustré.
. . 3 149 **Bureau des Longitudes**. — Annuaire pour 1878.
4   163 **Hogard et Vasserot.** — Arpentage et levé des plans (avec
        planches).
5   316 **Collin.** — Arithmétique.
6   318 **Rambosson.** — Cosmographie.
7   322 **Ysabeau.** — Botanique élémentaire.
8   324   —   Histoire naturelle élémentaire.
9   330 **Zaborowbscki.** — L'Homme préhistorique.
10 331 **Divers.** — Les Étoiles et les Comètes (gravures).
11 336 **Catalan** (E.). — Notions d'astronomie (figure).
12 339 **Zurcher et Margollé.** — Télescope et microscope.
13 358 **Vinot** (J.). — Cours d'astronomie populaire (1er fascic.).
14 359 **Moigno** (l'abbé). — Résumé oral du progrès scientifique
        et industriel (conférence 1865).
15 360   —   *(Idem)*,
16 361 **Ville** (G.). — Recherches expériment[les] sur la végétation.
17 398 **Faraday.** — Histoire d'une chandelle (54 vignettes).
18 426 **Macé.** — Histoire d'une bouchée de pain (vignettes).
19 . 427   —   Les serviteurs de l'estomac (vignettes).
20 436 **Trémeaux.** — Principe universel de mouvement.
21 470 **Geikie** (A.). — La géologie (figures).
22 503 **Pape-Carpantier** (Mme). — Zoologie des écoles, des salles
        d'asile et des familles (1er volume).
23 504   —   (2e   —   ).
24 515   —   (3e   —   ).
25 564 **Marion** (F.). — Les merveilles de la végétation (45 vign.).
26 565 **Rendu** (V.). — Mœurs pittoresques des insectes (12 pl.).

27 622 **Fabre.** — Le Ciel (80 figures).
28 623 —   Physique (31 figures).
29 624 —   La Terre (26 figures).
30 625 **Hément** (Félix). — Premières notions d'Histoire natu-
          relle (222 figures).
31 626 **Reynaud** (J.). — Les Minéraux usuels (4 pl. en couleur).
32 627 **Fabre** (H.). — La Plante (187 figures).
33 628 **Desmoulin** (Mme). — Les Cinq Sens (84 vignettes).
34 629 **Guillemin.** — Les Mondes.
35 630 **Flammarion.** — Les Merveilles célestes (75 vignettes).
- 36 631 **Zurcher.** — Les Phénomènes de l'atmosphère.
37 632 **Margollé.** — Les Phénomènes de la mer.
38 633 **Margollé & Zurcher.** — Les Météores (23 vignettes).
39 634 **Tissandier** (G.). — L'Eau (6 cartes, 75 vignettes).
40 635 **Ternant.** — Les Télégraphes (192 vignettes).
41 636 **Figuier** (Louis). — La Terre et les Mers (8 cart., 190 grav.).
42 637 **Lanoye** (de). — Les Grandes scènes de la nature (40 vign.).
43 638 **Menault** (Ernest). — L'Intelligence des animaux (80 vign.).
44 639 **Montmahou.** — Vie et Mœurs des insectes (31 vignettes).
45 640 **Meunier.** — Les Animaux à métamorphoses (155 vign.).
46 641 —   Les grandes Pêches (78 vignettes).
47 642 **Landrin.** — Les Monstres marins (41 vignettes).
48 643 **Meunier.** — Les grandes Chasses (35 vignettes).
49 644 **Hément** (F.). — Les infiniment petits (vignettes).
50 645 **Meunier.** — La Planète que nous habitons (70 vign.).
51 646 **Bouant.** — Les grands Froids (31 gravures).
52 647 **Huxley.** — Leçons de Physiologie élémentaire (fig.).
53 661 **Rey.** — Physique et Cosmographie (vignettes).
54 662 **Leclert.** — Mécanique usuelle.
55 675 **Henry** (des Vosges). — Dessin linéaire, arpentage, archi-
          tecture.
56 689 **Tissandier** (Gaston). — *Revue des Sciences* (5e année, 1877,
          illustrée).
57 690 **Temple** (Louis du). — Communications et transmissions
          de la pensée (figures).
58 691 **Demond.** — Système métrique (figures).
- 60 158 **Saporta** (Gaston de). — Les temps quaternaires. — L'ex-
          tension des glaciers. — Les climats. — Les plan-
          tes. — Les populations (*R. des D.-M.*, 15 septem-
          bre et 15 octobre 1881).
- 60 158 **Jamin** (J.). — Les Comètes (*R. des D.-M.*, 1er oct. 1881).

60   158 **Jamin** (J.). — Les Essais d'éclairage électrique à l'Opéra (*R. des D.-M.*, 1er novembre 1881).

60   158 **Lasègue** (Ch.). — Le braïdisme ou névro-hypnotisme (*R. des D.-M.*, 15 octobre 1881).

60   158 **Daremberg** (G.). — L'Œuvre médicale de Littré (*R. des D.-M.*, 1er août 1882).

60   158 **Richet** (C.). — Découverte de la circulation du sang (*R. des D.-M.*, 1er juin 1879).

60   158 **Vacherot** (E.). — La Vie et la Matière (*R. des D.-M.*, 1er et 15 décembre 1878).

60   158 **Blanchard** (E.). — La voix chez l'homme et chez les animaux (*R. des D.-M.*, 1er mai 1876).

60   158 — De l'origine des êtres (*R. des D.-M.*, 15 juin 1874).

60   158 **Radau** (R.). — Le Passage de Vénus sur le Soleil (*R. des D.-M.*, 15 janvier 1874).

60   158 **Saporta** (G. de). — La formation de la houille (*R. des D.-M*, 1er décembre 1882).

60   158 **Radau** (R.). — Météorologie. Prévision du temps (*R. des D.-M.*, 1er novembre 1882).

Série I.

HISTOIRE, BIOGRAPHIES.

(ÉTIQUETTES JAUNES).

1	1 **Martin** (Henri). — Histoire de France popul.			(1er volume).
2	2 —	—		(2e —).
3	3 —	—		(3e —).
4	4 —	—		(4e —).
5	5 —	—		(5e —).
6	6 **Bordier & Charton**. — Histoire de France			(1er —).

| 7 | 7 | **Bordier & Charton.** — Histoire de France (2ᵉ volume). |

7   7 **Bordier & Charton.** — Histoire de France (2ᵉ volume).
8 26 **Piotrowscki.** — Souvenirs d'un Sibérien.
9 27 —   Histoire de trois pauvres enfants.
10 28 —   Mémoires de Benjamin Franklin.
11 29 **Barreau.** — Histoire de la Révolution française.
12 30 **Lamartine.** — Jacquard.
13 31 —   Christophe Colomb.
14 41 **Sarcey.** — Le Siège de Paris.
15 51 **Dussieux.** — Hist. gén. de la guerre de 1870-71 (1ᵉʳ vol.).
16 55 —   —   (2ᵉ —).
17 57 **Labouchère.** — Oberkampf.
18 83 **Voltaire.** — Histoire de Charles XII.
19 93 **Assolant.** — Récits de la Vieille-France.
20 102 **Armagnac.** — Turenne.
21 103 **Bouteiller (de).** — Le maréchal Fabert.
22 106 **Topin** (Marius).—L'Europe et les Bourbons sous Louis XIV.
23 109 **Michel (G.).** — Histoire de Vauban.
24 110 **Challamel**(A.).—Mémoires du peuple français (1ᵉʳ volume).
25 111 —   —   (2ᵉ —).
26 112 —   —   (3ᵒ — .
27 113 —   —   (4ᵒ —).
28 114 —   —   (5ᵉ —).
29 115 —   —   (6ᵉ —).
30 116 —   —   (7ᵒ —).
31 117 —   —   (8ᵉ —).
32 125 **Rambaud.** — L'Allemagne sous Napoléon Iᵉʳ.
33 126 —   Français et Russes.
34 127 **Michelet.** — Histoire romaine (1ᵉʳ volume).
35 128 —   —   (2ᵒ —).
36 129 **Rambaud.** — Les Français sur le Rhin (1792-1804).
37 132 **Michelet.** — Précis de l'Histoire moderne,
38 134 **Quinet (Edgar).** — Œuvres complètes (1ᵉʳ volume).
39 135 —   —   (2ᵉ —).
40 136 —   —   (3ᵉ —).
41 137 —   —   (4ᵒ —).
46 213 **Montesquieu.** — Grandeur et décadence des Romains.
47 219 **Marmontel.** — Les Incas.
48 232 **Linguet.** — Mémoires sur la Bastille.
49 238 **Xénophon.** -- La Retraite des Dix-Mille.
50 239 **Tacite.** — Mœurs des Germains.
51 244 **Condorcet.** — Vie de Voltaire.

52   251 **Suétone.** — Histoire des douze Césars.

53   256 **Saint-Réal.** — Don Carlos.

54   257 **Salluste.** — Conjuration de Catilina. Guerre de Jugurtha.

55   260 **Roland** (Mme).— Mémoires sur la Rév. française (1er vol.).

56   261   —   —   · (2e —).

57   266 **Mirabeau.** — Sa Vie, ses opinions, ses discours (1er —).

58   267   —   —   (2e —).

59   283 **Cicéron.** — Les Catilinaires. Discours pour Marcellus et
             pour Milon.

60   284 **Plutarque.** — Vie de César.

61   287 **César.** — Commentaires.

62   290 **Jeudy-Dugour.** — Cromwell.

63   301 **Voltaire.** — Mahomet.

64   304 ·— Le Siècle de Louis XIV.

65   305   —   ·   —

66   315 **Pepersack.** — Memento d'histoire ancienne et d'histoire
             moderne.

67   321 **Andrieu.** — Histoire du moyen âge.

68   325 **Buchez.** — Les Mérovingiens.

69   326   — Les Carlovingiens.

70   327 **Bastide.** — Les guerres de la Réforme.

71   328 **Pelletan.** — Décadence de la monarchie française.

72   329 **Lock** (F.). — Histoire de la Restauration (1814-1830).

73   332 **Bastide.** — Luttes religieuses des premiers siècles.

74   333 **Morin** (F.). — La France au moyen âge.

75   338 **Despois** (E.). — Révolution d'Angleterre (1603-1688).

76   346 **Barbé** (Mme). — La Reine des mers (Venise).

77   350 **Société archéologique de Rambouillet :**
             Mémoires et Documents (Tome 3e).

78   354   —   —   (— 4e).

79   355   — Statuts et Règlements.

80   364 **Rambaud.** — Histoire de la Russie.

81   369 **Salières** (A.). — Une poignée de héros.

82   374 **Gallois.** — Les Crimes de l'Inquisition (gravures).

83   450 **Société archéologique de Rambouillet.** — Mémoires et
             Documents (Tome 5e, 1879-1880).

84   457 **Chautard.** — Napoléon Ier prisonnier.

85   458 **Dumas** (Alexandre). — Louis-Philippe (Tome 1er).

86   459   —   —   (— 2e).

87   460 **Lamartine.** — Le passé, le présent, l'avenir de la Répu
             blique.

88 462 — *Le Civilisateur* (journal historique, 24 numéros, 1852-1853), contenant les biographies de Jeanne d'Arc, Homère, Bernard Palissy, Christophe Colomb, Cicéron, Gutenberg.

89 465 **Société archéologique de Rambouillet.** — Mémoires et Documents (Tome 6°, 1881-1882).

42 140 — Mémoires et Documents (Tome 1er, 1re livraison).

43 141 — — (— 2° —).

44 142 — — (— 3e —).

45 143 — — (Tome 2°).

90 467 **Lacombe (P.).** — Petite histoire du peuple français.

91 471 **Martin (H.).** — Jeanne d'Arc.

92 474 **Childe.** — Le général Lée (2 cartes).

93 475 **Moulin.** — En campagne (1870-1871) (gravures).

94 476 **L'Armagnac.** — Quinze jours de campagne (août, septembre 1870).

95 506 **Delcroix (V.).** — Les jeunes Enfants illustres (gravures).

96 566 **Jouault.** — Washington.

97 567 **Labour.** — Monsieur de Montyon.

98 568 **Mignet.** — Vie de Franklin.

99 569 **Passy** (Frédéric). — Stephenson, ou le Petit-Poucet du XIX° siècle.

100 578 **Lefrançais.** — Lectures patriotiques.

101 579 **Michelet.** — Histoire de France (Moyen âge).

102 580 — — (Temps modernes).

103 581 — — (Révolution).

104 582 **Duruy (V.).** — Histoire de France (1er volume).

105 583 — — (2° —).

106 584 **Lamartine.** — Guillaume-Tell. — Bernard Palissy.

107 585 **Barante** (de). — Jeanne d'Arc.

108 586 ***. — Le loyal serviteur, Bayard (36 vignettes).

109 587 **Vlllemain.** — Vie du chancelier de L'Hospital.

110 588 **Corne.** — Richelieu.

111 589 — Mazarin.

112 590 **Badin.** — Jean Bart.

113 591 **La Landelle** (de). — Duguay-Trouin.

114 592 **Bonnechose** (E. de). — Lazare Hoche.

115 593 **Gœpp.** — Les grands hommes de la France (Guerre)

116 594 **Bouniol.** — Les Marins français (1er volume).

117 595 — — (2° —).

118 596 **Michelet.** — Jeanne d'Arc.

119 597 **Duruy** (G.). — Pour la France (gravures).

120 598 **Rousset.** — Les Volontaires.

121 599 **Jurien de la Gravière.** — Guerres maritimes (1er vol.).

122 600 —   —   (2o —).

123 601 **Fezensac.** — Souvenirs militaires.

124 602 **Dalsème.** — Le Siège de Bitche (1870-1871).

125 604 **Vaulabelle.** — Ligny. — Waterloo (40 vignettes).

126 605 **Monod.** — Allemands et Français (Metz, Sedan, la Loire).

127 606 **Dumont.** — Administration et propagande prussiennes en Alsace.

128 608 **Legouvé.** — Sully.

129 659 **Rothschild** (Arth. de). — Histoire de la Poste aux lettres.

130 660 **Foncin.** — Histoire de France.

131 667 **Anonyme.**—Le marquis P. de Chasseloup-Laubat(1805-75).

132 683 **Pougin.** — Bellini.

133 693 **Jackson** (James). — Nordenskiöld.

60   158 **Blerzy** (H.). — L'Angleterre en 1815 (*Revue des D.-M.,* 15 juin 1880).

60   158 **Melchior de Vogüé** (E.). — Le Fils de Pierre le Grand (*R. des D.-M.,* 1er et 15 mai 1880).

60   158 **Réville** (A.). — Le passage d'Annibal à travers la Gaule et les Alpes (*R. des D.-M.,* 1er mai 1880).

60   158 **Montégut** (E.). — Le maréchal Davoust (*R. des D.-M.,* 1er octobre 1879).

60   158 **Blaze de Bury** (H.) — Portraits d'hier et d'aujourd'hui (*R. des D.-M.,* 1er septembre 1879).

60   158 **Mazade** (C. de). — Berryer (*R. des D.-M.,* 1er juill. 1879).

60   158 **Lavisse** (E.). — Récits de l'Histoire de Prusse (*R. des D.-M.,* 15 mars, 15 avril et 15 mai 1879).

60   158 **Clavé** (J.). — Un Général républicain (*R. des D.-M.,* 1er mai 1879).

60   158 — L'Alsace-Lorraine et l'Empire germanique (*R. des D.-M.,* 1er et 15 juillet 1880).

60   158 **Maxime du Camp.** — Les Tuileries et le Louvre pendant la Commune (*R. des D.-M.,* 15 août et 1er septembre 1878).

60   158 **Lande** (Louis). — Cameron, Episode de la guerre du Mexique (*R. des D.-M.,* 15 juillet 1878).

60   158 **Valbert** (G.). — Les Attentats de Berlin (*R. des D.-M.,* 1er juillet 1878).

60   158   **Delaborde** (H.). — David d'Angers (*R. des D.-M.*, 15 mai 1878).

60   158   **Othenin d'Haussonville.** — Jules Michelet, sa Vie et ses Œuvres (*R. des D.-M.*, 15 mai et 1er juin 1876).

60   158   — Un Héros de la guerre de Sécession (*R. des D.-M.*, 1er avril 1876).

60   158   **Rambaud** (Alfred). — Yvan le Terrible (*R. des D.-M.*, 15 février 1876).

60   158   — Les Derniers Stuarts. — Impressions et Pensées d'une Reine (*R. des D.-M.*, 1er juin 1875).

60   158   **Mazade** (Ch. de). — La Guerre de France (1870-1871) (*R. des D.-M.*, 1er-15 novembre 1874 et suivants).

60   158   **Louandre** (Charles). — Une Prison d'Etat sous Louis XIV (*R. des D.-M.*, 1er juillet 1874).

60   158   **Mazade** (Ch. de). — Cinquante années d'histoire contemporaine : M. Thiers. — Le second Empire. — La Paix de 1871 et la réorganisation. — La Libération du territoire (*R. des D.-M,*, 1er avril, 15 juin, 1er décembre 1880, 15 avril, 1er oct. et 15 déc. 1882).

60   158   **Saint-Haon** (J. de). — La Régence de Tunis. Le Protectorat français (*R. des D.-M.*, 1er octobre 1882).

60   158   **Ferrière** (Hor de la). — Une cause célèbre au xvie siècle, Françoise de Rohan (*R. des D.-M.*, 1er oct. 1882).

60   158   **Valbert** (G.). — Le baron Nothomb, ministre de Belgique, mort en 1881 (*R. des D.-M.*, 1er octobre 1882).

60   158   **Charmes** (Gabriel). — La République et la politique française en Orient (*R. des D.-M.*, 1er octobre 1882).

60   158   — La situation de la Turquie, la politique du Califat et ses conséquences (*R. des D.-M.*, 15 octobre 1881).

60   158   **Lamy** (Etienne). — Les Marines de guerre. Les Guerres navales (*R. des D.-M.*, 15 septembre 1882).

60   158   **Laugel** (Auguste). — Philippe II d'après un livre récent (*R. des D.-M.*, 15 septembre 1882).

60   158   **Dronsart** (Marie). — La duchesse de Marlborough (1660-1744) (*R. des D.-M.*, 1er septembre 1882).

60   158   **Valbert** (G.). — Les déceptions de M. de Bismarck dans sa politique intérieure (*R. des D.-M.*, 1er août 1882).

60   158   **Laveleye** (E. de). — Le président Garfield, vingtième président des Etats-Unis (*R. des D.-M.*, 1er octobre 1881).

60   158 **Valbert** (G.). — La réconciliation de M. de Bismarck et du Saint-Siège. Le socialisme de M. de Bismarck (*R. des D.-M.*, 1er octobre, 1er décembre 1881).

60   158 **Valbert** (G.). — Le dernier des Condottieri. — Garibaldi (*R. des D.-M.*, 1er juillet 1882).

60   158 **Rothan** (G.). — L'Affaire du Luxembourg (1866). Les Premiers pourparlers. La Circulaire Lavalette. La Cour à Compiègne. Les Négociations avec la Prusse, avec la Hollande (*R. des D.-M.*, 15 septembre, 15 octobre, 1er novembre, 15 novembre, 1er décembre 1881).

60   158 **Ferrière** (Hor de la). — Les Projets de mariage d'une reine d'Angleterre, Elisabeth, avec le duc d'Anjou et le duc d'Alençon (*R. des D.-M.*, 15 août, 15 septembre, 15 octobre 1881).

60   158 **Müntz** (Eugène). — Un Mécène italien au xve siècle. Les lettres et les arts à la cour des Papes (*R. des D.-M.*, 1er novembre 1881)

60   158 **Broglie** (Le duc de). — Etudes diplomatiques ; la première lutte de Frédéric II et de Marie-Thérèse, d'après des documents nouveaux ; invasion de la Silésie ; intervention de la France (*R. des D.-M.*, 15 novembre, 1er décembre 1880, 15 novembre, 1er décembre 1881, 1er et 15 janvier, 1er et 15 mars 1882).

60   158 **Boissier** (Gaston). — La Grande-Grèce, d'après un livre récent (*R. des D.-M.*, 15 novembre 1881).

60   158 **Yriarte** (Ch.). — Un Condottiere italien au xve siècle. — Sigismond Malatesta (*R. des D.-M.*, 1er déc. 1881).

60   158 **Plauchut** (Edmond). — La nouvelle Serbie (traité de 1878) (*R. des D.-M.*, 15 décembre 1881).

60   158 **Varigny** (C. de). — La guerre du Pacifique entre le Chili et le Pérou (1879 à 1881) (*R. des D.-M.*, 1er décembre 1881).

60   158 **Chesneau** (Ernest). — Albert Dürer (mort en 1528) et ses Œuvres (*R. des D.-M.*, 15 décembre 1881).

60   158 **Picot** (George). — M. Dufaure, sa Vie et ses Discours (*R. des D.-M.*, 1er avril, 15 mai, 1er et 15 juillet 1882).

60   158 **Blaze de Bury** (H.). — Portraits d'hier et d'aujourd'hui : Ambroise Thomas (*R. des D.-M.*, 15 mai 1882).

60 158 **Laugel** (A.). — Correspondance de Marie de Médicis (*R. des D.-M.*, 1ᵉʳ mai 1882).

60 158 **Jurien de la Gravière**. — La bataille d'Arbelles (*R. des D.-M.*, 1ᵉʳ février 1881).

60 158 **Jurien de la Gravière**. — Les Conquêtes légitimes (*R. des D.-M.*, 1ᵉʳ février 1882).

60 158 — L'héritage de Darius (*R. des D.-M.*, 1ᵉʳ mars 1882).

60 158 — Les deux dernières Campagnes d'Alexandre (*R. des D.-M.*, 1ᵉʳ et 15 juillet 1852).

60 158 **Lafenestre** (G.). — Van Dyck, sa Vie, son Œuvre (*R. des D.-M.*, 1ᵉʳ mars 1882).

60 158 **Barine** (Arvède). — Une Princesse allemande au XVIIᵉ siècle, l'électrice Sophie de Hanovre (*R. des D.-M.*, 1ᵉʳ mars 1882).

60 158 — Le général Robert Lée (*R. des D.-M.*, 1ᵉʳ juin 1873).

60 158 **Luce** (Siméon). — Jeanne d'Arc et le culte de saint Michel (*R. des D.-M.*, 1ᵉʳ décembre 1882).

60 158 **Leroy-Beaulieu** (A.). — Le Vatican et le Quirinal depuis 1878. Le Pape Léon XIII et l'Europe (*R. des D.-M.*, 15 novembre 1882).

134 695 **Bonnemère** (E.). — Histoire des Camisards.

135 696 — Histoire des Paysans.

136 697 — Id.   id.

Série J.
GÉOGRAPHIE, VOYAGES.
(ÉTIQUETTES BLEUES).

1 40 **Beauvoir** (de). — Pékin, Yédo, San-Francisco (4 cartes, 15 vignettes).

5 46 — L'Australie (2 cartes, 12 vignettes).

6 47 — Java, Siam, Canton (carte, 14 vignettes).

2 42 **Livingstone**.— Explorations dans l'Afrique australe (vig.).

3 43 **Baker**. — Le lac Albert (carte, 20 vignettes).

4   44 **Agassiz.** — Voyage au Brésil (carte, 16 vignettes).
7   48 **Hervé & Lanoye.** — Voyage dans les glaces du pôle arctique (2 cartes, 40 vignettes).
8   53 **Stanley.** — Comment j'ai retrouvé **Livingstone** (carte, 16 vignettes).
9   56 **Hayes.** — La Mer libre du pôle (carte, 14 vignettes).
10   70 **Manuel & Alvarès.** — La France (1er volume).
11   71   —   —   (2e —   ).
12   72   —   —   (3e —   ).
13   73   —   —   (4e —   ).
14   98 **Charton** (Edouard). — Le Tour du Monde (illustré).
15   130 **Reclus** (O.). — La Terre à vol d'oiseau (1er vol.) (175 vig.).
16   131   —   —   (2e —).
17   275 **Régnard.** — Voyages.
18   453 **Virmaître.** — Les Curiosités de Paris.
19   473 **Carrey** (E.). — Le Pérou.
20   477 **Reclus** (O.). — France, Algérie et Colonies (avec vign.).
21   478 **Girardin.** — Vie et Voyages de Christophe Colomb (vig.).
22   479 **Lebrun** (H.). — Voyages et Découvertes des Compagnons de Colomb (4 vignettes).
23   480 **Belin de Launay.** — Les Sources du Nil (3 cartes, 24 vig.).
24   481 **Verne** (J.). — Découverte de la Terre (1er volume).
25   482   —   —   (2e —   ).
26   483   —   Les Navigateurs du XVIIIe siècle (1er volume).
27   484   —   —   (2e —   ).
28   485   —   Les Navigateurs du XIXe siècle (1er —   ).
29   486   —   —   (2e —   ).
30   487 **Vattemare.** — A travers l'Australie (gravures).
31   488 **Hall.** — Deux ans chez les Esquimaux (gravures).
32   489 **Lannoye** (de). — La Mer polaire (voyage) (gravures).
33   490 **Aunet** (Mme d'). — Voyage d'une femme au Spitzberg (34 vignettes).
34   491 **Vambéry.** — Voyage d'un faux Derviche dans l'Asie (carte, 16 vignettes).
35   492 **Jurien de la Gravière.** — Voyage dans les mers de Chine (1er vol.).
36   493   —   —   (2e —
37   494 **Baldwin.** — Récits de chasses (5 vignettes).
38   496 **Vattemare.** — L'Amérique septentrionale et les Peaux-Rouges (cartes, 16 vignettes).

39 497 **Payer**. — L'Expédition du Tegetthoff (carte, 67 vign.).

40 498 **Johnson**. — Dans l'extrême Far-West (25 vignettes).

41 499 **Catlin**. — La Vie chez les Indiens (25 vignettes).

42 500 **Perron d'Arc**. — Aventures d'un voyageur en Australie (24 vignettes).

43 501 **Raynal**. — Les Naufragés, ou Vingt mois sur un récif (40 gravures).

44 686 **Lacour**. — L'Egypte, d'Alexandrie à la seconde cataracte (gravures).

45 688 **Laporte** (Laurent). — L'Egypte à la voile.

60 158 **Perrot** (Georges). — Les Fouilles de M. de Sarzec en Chaldée (*R. des D.-M.*, 1er octobre 1882).

60 158 **Othenin d'Haussonville**. — A travers les Etats-Unis : Philadelphie, Boston, New-York (*R. des D.-M.*, 15 février, 15 mars, 15 avril, 15 septembre et 15 novembre 1882).

60 158 **Boissier** (Gaston). — Promenades archéologiques. Les Tombes étrusques de Corneto (*R. des D.-M.*, 15 août 1882).

60 158 **Lee Childe** (Blanche). — Impressions de Voyage : la Haute-Egypte (*R. des D.-M.*, 15 août 1882), Alexandrie et le Caire (15 juillet 1882).

60 158 **Charmes** (Gabriel). — Voyage en Syrie. De Jéricho à Nazareth. Le Mont-Thabor, etc. (*R. des D.-M.*, 15 mai, 15 juin, 15 juillet, 15 août et 1er septembre 1881, 15 juin 1882).

60 158 **Blanchard** (Emile). — La Nouvelle-Zélande. Les Voyages de circumnavigation. Les Récits des capitaines Dumont-d'Urville, Laplace, Fitzroy, Du Petit-Thouars, Ch. Vilkes, James Ross (*R. des R.-M.*, 1er mars 1878, 15 décembre 1879, 1er septembre 1881, 15 janvier 1882).

60 158 **Valbert** (G.). — Un Voyage malheureux à travers la Tripolitaine (*R. des D.-M.*, 1er novembre 1881).

60 158 — Voyage d'un Missionnaire anglais en Sibérie (*R. des D.-M.*, 1er mai 1882).

60 158 — Voyage du major Serpa-Pinto dans l'Afrique australe (*R. des D.-M.*, 1er janvier 1882).

60 158 **Richet** (Ch.). — Une Excursion dans l'Oued-Rir, Algérie (*R. des D.-M.*, 15 mai 1882).

60 158 **Clavé** (J.). — L'Hydrologie de l'Afrique australe (*R. des D.-M.*, 1er mai 1882).

60 158 **Lenthéric** (C.). — La Région du Bas-Rhône (*R. des D.-M.*, 15 mai 1880).

60 158 **Planchut** (E.). — La Découverte du passage Nord-Est (*R. des D.-M.*, 15 février 1880).

60 158 **Collignon** (M.). — Notes d'un voyage en Asie Mineure (*R. des D.-M.*, 1er janvier 1880).

60 158 **Réville** (Albert). — La Géographie de la Gaule (*R. des D.-M.*, 15 août 1879).

60 158 **Lenthéric** (C.). — Le Port Romain, Fréjus (*R. des D.-M.*, 1er août 1879).

60 158 **Melchior de Vogué** (E.). — Le mont Athos (*R. des D.-M.*, 15 janvier 1876).

60 158 **Radau** (R.). — Un Voyage au cœur de l'Afrique (*R. des D.-M.*, 1er mars 1875).

60 158 **Patenôtre** (J.). — Un voyage d'hiver au Caucase (*R. de D.-M.*, 15 décembre 1874).

60 158 **Esquiros** (Alphonse). — Le fond de la mer (*R. des D.-M.*, 1er juin 1873).

60 158 **Duponchel.** — Le bassin de la Méditerranée (*R. des D.-M.*, 15 décembre 1882).

60 158 **Bayol** (Le Dr). — La France au Fouta-Djalon (*R. des D.-M.*, 15 décembre 1882).

60 158 **Jurien de la Gravière** (amiral). — Les grands Combats de mer. La bataille d'Actium (*R. des D.-M.*, 1er décembre 1882).

60 158 **Valbert** (G.). — M. Savorgnan de Brazza et M. Stanley (*R. des M.-D.*, 1er novembre 1882).

Versailles. — Imp. E. Aubert.

www.ingramcontent.com/pod-product-compliance
Lightning Source LLC
LaVergne TN
LVHW021724080426
835510LV00010B/1129